KB033324

딱 한 걸음의 힘

소소한 루틴을
단단한 멘탈로
만드는 〰〰〰〰〰

딱_한 걸음의___힘

미리암 융게 지음
장혜경 옮김

갈매나무

마침내 나쁜 습관을 버릴 용기

제비 한 마리가 온다고 여름이 오지는 않는다. 하지만 제비가 여기저기 날아다니면 여름이 온 것이다. 부자에게 물어보라. 아마 이렇게 대답할 것이다. "그럼, 티끌 모아 태산이지." 그 말이 정답이다.

이 원칙은 우리 행동에도 적용할 수 있다. 우리는 작은 행동들을 여럿 바꾸어 자신의 가능성을 크게 넓힐 수 있다. 나쁜 습관을 깨닫고 버리는 것도 그중 하나이다. 천 리 길도 한 걸음부터라고 하지 않던가.

나는 행동심리치료사로 일하는 미리암 융게이다. 덕분에 상담실에서, 친구들한테서, 식구들한테서 매일 이런 말을 듣는다. "또 실패야. 도저히 못 끊겠어." "왜 나는 안 되는 거지?" 이런 푸념들과 그 원인인 습관은 행복과 만족을 방해하는 걸림돌이다.

"길이 목표다.""로마는 하루아침에 세워지지 않았다."이런 속담은 다들 들어보았을 것이다. 하지만 구체적으로 그것이 우리에게 어떤 의미인지를 고민하여 실천에 옮겨본 사람은 많지 않을 것이다. 모든 사람에겐 원하는 자신의 모습이 있다. 술을 마시지 않고 운동을 잘하며 건강하고 날씬하고 유행의 첨단을 달리는 행복한 사람이 되고 싶을 것이다. 어떻게 하면 그렇게 될 수 있을까?

그런 이상형의 인간이 되려면 엄청나게 노력하여 몸과 마음을 갈고 닦아야 할 것 같다. 하지만 너무 겁먹지 마라. 세상 모든 일은 첫걸음으로 시작되고 그 걸음은 우리 생각보다 크지 않으니 말이다.

어떤 목표를 세웠건 우리는 함께 시작할 수 있다. 처음부터 한 걸음 한 걸음 걸어갈 수 있다. 사실 이 책을 쓰는 것도 처음엔 엄청난 도전이요 도달할 수 없는 목표 같았다. 채워야 할 페이지는 끝이 없었고 모니터 속 깜박이는 커서는 나를 비웃었다. 어떻게 시작했을까?

도전은 목표 달성에 방해가 되는 것이 무엇인지를 깨닫는 데서 시작된다. 좋지 않은 행동과 사고 유형을 그 자체로 인식하고 그것을 대신할 긍정적 습관을 키워 굳건히 자리매김해야 한다. 한마디로 어떤 작은 변화가 일상에서 큰 변화로 발전할 수 있는지를 깨달아야 한다. 그러자면 의식을 깨워 작은 성공의 가치를 알아보는 훈련을 해야 한다. 더불어 사이사이 자신의 어깨를 두드리며 상을 주고 자부심을 느껴도 좋을 것이다.

작은 승리 하나하나의 가치

우리가 사는 세상은 효율을 우선시한다. 늘 성과 압박에 시달리고 한꺼번에 최고의 성과를 올려야 한다며 안달복달한다. 넘치는 가능성은 결정을 강요한다. 그 와중에서 쉽게 개인의 목표를 놓치고 만다. 우리는 뭐가 씐 사람처럼 정신없이 종착역을 향해 달려간다. 프로젝트 마감, 과제 제출, 계약을 향해서 달린다. 그러느라 단계 하나하나가 다 작은 승리이며 그것이 모여 결국 큰 목표를 이룬다는 사실을 잊어버린다. 그 목표는 행복이거나 만족, 또는 발전이나 성공일 수도 있다.

하지만 과연 성공이 무엇일까? 계좌에 두둑한 돈? 무지막지하게 많은 좋아요와 구독자 수? 칭찬과 보너스? 행복하고 만족스러운 인간관계?

개인의 행동은 손으로 만질 수 없고 자로 잴 수 없으며 눈으로 볼 수 없을 때가 더 많다. 행복과 성공은 개별적이다. 성공은 우리가 만들어내는 것이다. 출발 지점을 되돌아보면 우리가 그 수많은 작은 걸음으로 얼마나 멀리 왔는지를 깨달을 수 있다. 그 작은 걸음, 그 작은 결정과 변화들이 소중한 작업의 도구이다.

이 책에서 나는 습관을 바꾸어 목표를 이룰 수 있는 실질적인 훈련법들을 소개하고자 한다. 그 훈련법을 통해 당신은 좋은 행동과 나쁜 행동을 구분하고 작은 성공을 존중할 수 있을 것이다. 나아가 생활의 효율을 높이고 소중한 시간을 확보할 수 있을 것이며 그를 통해 삶의 질을 높일 수 있을 것이다. 무엇보다 별것 아닌 작은 결정의 가치를 발견하게 될 것이다.

계단으로 갈까 엘리베이터를 탈까? 이 순간엔 어느 쪽이 유익하며, 장기적으로 볼 때는 어떤 것이 더 나을까? 누구나 넘을 수 있는 작은 장애물로 시작해보자. 그게 너무 높다면 장애물의 높이를 조금 낮추어도 좋다. 각 훈련에 필요한 시간은 5~10분 남짓이면 충분하다. 작은 변화와 약간의 연습으로 언젠가는 높은 장애물도 넘을 수 있을 것이다.

마지막엔 예상보다 훨씬 많은 것을 이룰 수 있을 것이다.

날마다
'오늘부터 1일'처럼

1-1

어디서부터 시작할까?
습관으로 마음을 살피다

:
:

2년 전쯤 굳은 결심을 한 적이 있다. 아침에 스마트폰 알람이 울리면 알람만 끄고 스마트폰은 켜지 말자고 말이다. 눈 뜨자마자 뉴스를 들여다보는 버릇을 고치고 싶었기 때문이다.

아침부터 외부 자극의 홍수에 빠져 허우적대고 싶지 않았다. 고요하고 평정한 마음으로 하루를 시작하고 싶었다. "그게 뭐 어렵다고." 처음엔 그렇게 생각했다. 하지만 정신을 차려보면 어느 사이 잠이 덜 깬 채 무의식적으로 스마트폰을 들여다보고 있는 자신을 발견하곤 했다. 놀라서 얼른 다시 스마트폰을 치워도 이미 머릿속엔 이런저런 요구를 해대는 전자우편과 시끄러운 세상 소식이 가득했다. 평정은 물 건너갔고 결심은 무너졌다. "내일부터 하지 뭐……." 하지만 내일 아침에도 나는 어김없이 또 스마트폰을 들여다보고 있었다.

이걸 어쩐다……? 나는 꾀를 냈다. 아침에 눈을 뜨면 스마트폰부터 켜는 행동이 이미 내 안에 깊이 자리를 잡은 터였다. 나는 아날로그 알람시계를 샀고 밤에 자기 전에 휴대전화를 욕실에 가져다 놓았다. 처음에는 꼭 술을 끊은 알코올 중독자 같았다. 알람시계의 요란한 울림이 싫었고 째깍째깍 시계 가는 소리가 괴로웠으며 뭔가 신경이 곤두서서 괜히 안절부절못했다. 하지만 정신없고 불쾌한 상태로 아침을 시작하기 싫었기에 꾹 참고 견뎠다.

과연! 사흘이 지나자 '금단현상'이 사라졌고 나는 아침에 침대에서 앱으로 아침 명상을 하기 위해 다시 스마트폰을 침대 옆으로 가져다 둘 수 있었다. 물론 비행모드로! 그리고 그날 이후 지금껏 그 행동 패턴을 그대로 유지하고 있다. 나는 부정적인 행동 패턴을 깨고 새롭고 유익한 행동을 내 일상으로 가져왔다.

첫걸음을 떼는 열쇠는 '알아차리기'

어쩌면 당신은 이런 의문이 들지 모르겠다. 긍정적인 습관과 행동 방식을 오래 유지하는 것이 왜 그리 중요할까? 규칙적으로 운동을 하고, 일할 때는 사이사이 쉬어주고, 늦지 않게 잠자리에 들고, 저녁 5시 이후에는 커피를 안 마시고, 밤 9시 이후에는 기름진 음식을 피하며……

우리는 늘 이런저런 각오와 결심을 해대지만 결국 작심삼일이라 며칠을 넘기지 못한다. 하지만 조금만 노력하면 나쁜 습관을 고칠 수 있다.

아주 멋진 사례가 하나 있다. 내 친구 이야기이다. 몇 년 전에 어머니가 큰 병에 걸리자 친구는 문득 그동안 어머니하고 너무 소원하게 지냈다는 생각이 들었다. 그래서 어머니에게 이제부터는 매일 전화를 하겠다고 약속을 했다. 처음에는 약속을 지키기가 매우 힘들었다. 안 그래도 할 일은 많고 바빠 죽겠는데 숙제가 하나 더 생긴 것 같았기 때문이다. 하지만 '좋은 아들'이 되고 싶은 마음이 너무도 컸기에 그는 꾹 참고 매일 전화를 걸었다. 날이 갈수록 스트레스는 줄었고 몇 년이 지난 지금도 두 사람은 매일 전화를 한다. 그사이 어머니는 병이 다 나아 건강해졌지만 매일 통화가 습관으로 자리를 잡은 것이다. 심지어 요즘은 전화를 안 하면 섭섭하고 허전하다고 한다. 두 사람 모두가 행복한 습관이다.

나의 스마트폰과 친구의 전화는 우리가 일상에서 겪는 수많은 일의 작은 사례에 불과하다. 당신 혼자만 그런 것이 아니다. 자, 우리 시작해보자.

이 책에서 당신은 한 걸음 한 걸음 깨닫게 될 것이다.

- 걸림돌이 무엇인지
- 목표로 가는 길이 어떤 모습인지
- 어떤 습관이 좋고 어떤 습관이 나쁜지
- 습관과 행동 패턴은 어떻게 생기는지
- 왜 어떤 습관들은 과거에는 중요했지만, 지금은 의미가 없는지
- 당신은 어떤 원칙에 따라 행동하는지
- 습관이 당신의 인성, 생활, 자아상, 환경에 어떤 영향을 미치는지
- 어떻게 하면 안전지대를 떠날 수 있는지
- 어떻게 하면 새로운 습관을 들일 수 있는지
- 새 습관이 자리 잡을 때까지 얼마나 걸리는지
- 어떻게 하면 미루지 않을지
- 어떻게 하면 바로 시작할 수 있는지
- 올바른 보상 방법은 무엇인지
- 습관을 바꾸지 않으면 어떤 일이 일어나는지
- 어떻게 하면 자신과의 관계가 편해질지

위의 항목 중에서 눈에 들어오는 주제가 있다면 지금이야말로 작은 변화를 시작해야 할 때이다. 각 장의 마지막에는 다양

한 주제로 실천해볼 거리를 소개할 것이다. 변화를 시도하며 실행해보거나 이 책을 읽으면서 떠오르는 다른 생각이 있으면 공책이나 스마트폰에 바로바로 기록해보자. 최고의 아이디어는 의외의 장소에서 불쑥 튀어나오는 법이니까 말이다.

내게 거슬리고
괴로운 습관 골라내기

마음을 불편하게 만드는 습관이 있는가?

나는 스마트폰이 문제였다. 당신은 어떤 습관이 거슬리고 괴로운가? 아침마다 허둥대서? 저녁에 집에 오자마자 바로 또 책상으로 달려가서? 가만히 하루를 되짚어보다가 생각나는 것이 있다면 적어보자. 깨닫는 것으로 이미 첫걸음은 떼었다.

다음 걸음으로, 그 습관을 어떻게 바꾸고 싶은지 고민해보자. 새로운 습관은 어떤 모습인가? 가령 허둥대지 않기 위해서 알람을 5분 일찍 맞춘다, 또 퇴근하고 집에 오면 먼저 차를 한 잔 마시거나 창문을 열고 숨을 크게 쉰다, 등이 가능할 것이다.

당신의 아이디어를 적어보자.

과연 해낼 수 있을까?
비결은 마이크로 해빗

:
:

'티끌 모아 태산'이란 속담이 있다. 이 책의 주제에 적용해보면 별것 아닌 작은 행동이 큰 효과를 낳는다는 뜻이다. 흔히 말하는 '마이크로 해빗Micro Habits'이 바로 그 주인공이다. 작기에 실행하기도 쉽다. 작가 제임스 클리어는 심지어 "원자 습관Atomic Habits"이라는 말을 쓴다. 원자는 화학 원소의 가장 작은 단위이며 인간을 구성하는 가장 작은 단위이기도 하다. 뭐, 좋다. 그런데 어떻게 그것이 우리의 행동을 바꾼다는 말인가?

제임스 클리어는 《아주 작은 습관의 힘Atomic Habits》에서 영국 사이클 감독 데이브 브레일스포드의 성공담을 들려준다. 브레일스포드는 영국 프로 사이클팀 '스카이'의 감독으로 선수들을 몇 차례나 투르 드 프랑스에 출전시켜 우승시켰다. 또 2012년 런던 올림픽에서는 영국과 북아일랜드 사이클 국가대

표팀을 맡아서 메달을 휩쓸었다. 어떻게 그런 성공이 가능했을까?

브레일스포드의 신조는 '작은 우승의 모음'이었다. 1퍼센트의 개선을 목표로 삼되 분야를 가리지 않았다. 그는 작은 승리가 모여 큰 변화를 일으킨다고 확신했다. 계속해서 1퍼센트가 개선된다면 결국 전체의 결과가 엄청날 것이라고 말이다. 가령 그는 어떤 베개가 가장 편안한 잠을 유도하는지, 어떤 마사지 젤이 효과가 제일 좋은지 따졌다. 그렇게 세세한 부분까지 하나하나 신경을 써서 선수들에게 최고의 환경을 만들어주었다. 큰 변화가 아니라 수많은 작은 변화를 유도했고, 성공은 그의 생각이 옳았음을 입증하였다.

브레일스포드의 1퍼센트 콘셉트는 우리의 일상에도 쉽게 적용할 수 있다. 건강하게 살고 싶은가? 그렇다면 고민해보자. 지금 당장 건강이라는 큰 목표를 위해 당신이 할 수 있는 작은 일이 무엇일까?

전체가 과정이라는 사실을 잊지 말아야 한다. 지금 당장 건강미를 뿜어내는 근육질의 사람이 되자는 것이 아니다. 오늘 한 번 과일을 먹었다고 해서 내일 당장 건강한 사람이 되는 것도 아니다. 여기서 성공은 오늘 하루 건강한 식사를 했다는 것이 아니다. 건강하게 먹자고 결심한 작은 결정이 이미 성공이다. 스트레스 때문에 생각 없이 먹어대지 않겠다고 결심하는 것부터가 이미 성공이다.

아주 작은 성공들을 놓치지 말자

마이크로 해빗은 지금 여기에서 목표에 1퍼센트 더 가까이 다가가는 작은 걸음이다. 엘리베이터를 안 타고 계단을 걸어 가자고 결심할 수도 있다. 당장 20층을 다 걸어 올라가지 않아 도 된다. 조금씩 구간을 늘려가며 목표를 향해 다가가면 될 것 이다. 또 조깅을 매일 하자고 결심할 수도 있다. 오늘부터 당 장 최소 5킬로미터는 달려야 한다고 생각한다면 오산이다. 조 깅하러 밖으로 나가기만 해도 충분하다. 비오는데도 조깅을 했다면 두 배로 더 칭찬해야 한다. 의욕을 북돋기 위해 운동복 을 새로 장만하거나 친구와 약속을 잡는 것도 좋은 방법이다. 이 과정을 꼼꼼히 점검하고 아주 사소한 것이라도 작은 성공 을 놓치지 마라. 아무리 별볼 일 없고 작은 성공이라도 놓쳐서 는 안 된다. 당신이 작은 목표를 세워 변화를 시작했다는 것이 중요하다.

결과나 최종 목표만 중요한 것이 아니다. 다른 사람이 보기 엔 당신이 갑자기 살이 쭉 빠지고 어느 날 갑자기 금연을 했으며 하루아침에 5킬로미터를 달리는 것 같을 수 있다. 하지만 그렇지 않다. 그 모든 성공 뒤편엔 목표를 향해 걸어온 수많은 작은 걸음이 있었다. 그 작은 걸음들의 의미를 깨닫는 것이 중요하다. 이 순간 목표에 맞는 행동을 했다면 이미 당신은 성공한 것이다. 그렇다면 새로운 행동을, 마이크로 해빗을 깨닫고 자축하면 된다.

지금 당장 할 수 있는
작은 걸음 찾기

하루에 다섯 번씩 자신에게 물어보자. 목표를 이루기 위해 지금 내가 할 수 있는 작은 걸음은 무엇인가?

가령 당신이 이런 목표를 세웠다고 가정해보자.

- 주변 사람들에게 잘 해주기
- 몸에 좋은 음식 먹기
- 일하는 사이사이 휴식하기

그렇다면 이 순간 당신의 마이크로 해빗은 무엇일까?

• 만나는 사람마다 다정한 미소로 인사를 건넨다.

• 장 볼 때 과자나 초콜릿 대신 견과류나 과일을 담는다.

  장보기 목록을 미리 작성해서 가져간다.

• 몸에 좋은 음료를 준비해서 일하는 사이사이 마시면서 휴식한다.

  휴식 시간에는 지난 30분 동안 처리한 일을 모조리 적는다. 그럼 자신이

  얼마나 생산적으로 일했는지 깨달을 수 있을 것이다.

  아니면 1분 동안 눈을 감고 4번 숨을 깊게 들이마셨다가 내쉰다. 이 작은

  호흡의 효과가 생각보다 커서 놀랄 것이다.

2

습관은 왜
축복이자 저주인가?

^^^^^^

2-1
우리 행동의 절반은
무의식적으로 일어난다

.
.
.

 습관은 좋다. 그리고 나쁘다. 우리 뇌가 차이를 모르기 때문이다. 습관은 일상을 조직하여 안정감을 주는 루틴이다. 하지만 전혀 도움이 안 되거나 우리의 행동에 족쇄를 채우는 나쁜 습관들도 많다. 게다가 우리는 이런 종류의 습관을 잘 깨닫지 못한다. 그러므로 작은 변화를 통해 큰 변화를 일으키려면 먼저 습관이 어떻게 생기며 습관이란 대체 무엇인지를 알 필요가 있다.

 이 장에서 나는 왜 익숙한 버릇이 에너지를 절약하는 편안하고 안전한 상태인지를 설명할 것이다. 왜 습관의 자동항법 모드가 방향과 구조를 제공하는지를 설명할 것이다. 습관은 실제로 우리 뇌에 영향을 주고 거꾸로 뇌는 습관과 그것의 변화에 영향을 미친다.

하지만 또 한편으로 뇌의 그 안락한 습관 모드가 우리의 인지와 주의력을 제한하여 행동 변화를 힘들게 만든다. 우리는 많은 것을 인식하지 못하고 프로그래밍된 기계처럼 작동한다. 그러니까 습관이 우리의 발전을 가로막는 장애물이 될 수 있는 것이다.

따라서 자신의 특정 행동 패턴을 깨닫고 자신의 사고, 감정, 행동 패턴을 의심하며 가능하다면 바꿀 필요가 있다. 아마 유익하지 못한데도 우리가 미처 깨닫지 못하는 행동 패턴들이 적지 않을 것이다. 변화 없는 삶은 비현실적이다. 변화가 있어야 성장할 수 있다. 변화가 있어야 시야를 넓히고 지평을 넓힐 수 있다.

습관 덕분에 얻는 것들

습관 그 자체는 좋은 것이다. 두뇌학자 게르하르트 로트의 말대로 복잡한 도전에 응하자면 힘을 모아 집중해야 하므로 우리 뇌는 루틴을 최대한 많이 활용하려고 한다. 그래서 우리 몸에서 일어나는 많은 일이 자동적으로 진행된다. 가령 우리는 굳이 노력하지 않아도 숨을 쉴 수 있다. 고민하지 않아도 심장이 알아서 펌프질해서 피를 온몸으로 보낸다.

특정 행동 방식도 마찬가지이다. 걸을 때 우리는 고민하지 않는다. 처음 걸음을 배울 때는 뇌도 고민했을 것이다. 먼저 왼발, 그다음에 오른발, 다시 왼발…… 하지만 어느 순간부터 이 동작은 말 그대로 피와 살이 되고, 우리는 저절로 걷게 된다. 이것이 습관의 장점이다. 뇌가 에너지를 다른 일에 쓸 수 있는 것이다.

습관은 뇌의 에너지 절약 모드이다. 덕분에 우리는 아무리 스트레스를 받아도 종이 인형처럼 쓰러지지 않는다. 잠을 못 자거나 시간에 쫓겨도 길을 찾을 수 있다. 고민하지 않아도 어디로 가야 전철역이 나오는지 알고 어디서 내려야 하는지도 안다. 칫솔질도 마찬가지이다. 우리는 이를 닦으며 온갖 생각을 할 수 있다. 내일 뭐 입고 가지? 아침에 뭐 먹지? 정말로 실용적이지 않은가? 습관 덕에 생활이 참 편하다. 습관이 없다면 뇌는 넘치는 자극과 도전을 감당하지 못해 금방 고장이 나고 말 것이다.

그러니까 습관은 편안한 안전지대이다. 우리 뇌가 엄청난 일을 절약할 수 있기 때문이다. 심지어 케임브리지 대학교 신경학과 교수 볼프람 슐츠는 습관을 작은 중독이라고까지 말한 바 있다.[1] 특정 행동이 보상으로 이어진다는 사실을 깨달으면 우리가 자동으로 그 행동을 반복하기 때문이다. 가령 아침마다 따뜻한 커피를 마시며 여유를 만끽하고 카페인 덕에 정신이 초롱초롱해진다면 한 잔 더 마시지 말아야 할 이유가 무엇이겠는가? 뇌는 전달물질을 쏟아내고 그 물질을 통해 기분이 좋아진다. 이런 보상이 욕구를 일으키고 그것이 우리 몸에 닻을 내리는 것이다.

그리하여 습관은 우리 뇌를 바꾼다. 특정 구조가 반복을 통해 굳어진다. 그렇게 습관은 안정감을 선사한다.

습관 때문에 놓치는 것들

나이가 들면 습관의 숫자가 늘어난다. 묵은 습관을 버리기보다는 새로운 습관에 익숙해지는 편이 더 쉽기 때문이다. 그래서 당신은 아침마다 커피를 마시고 쓰레기를 내다 버리고 같은 길로 출근을 하고 밥을 먹고 담배를 피우고 자기 전에 또 한 번 메일을 확인할 것이다.

그런데 문제가 있다. 습관도 나쁜 점이 있다. 우리 두뇌의 편리한 습관 모드가 행동 변화를 힘들게 한다. 이 에너지 절약 모드가 무의식적으로 조종되기 때문에 우리의 인지와 관심을 제약하는 것이다.

가령 매일 아침 차를 몰고 출퇴근을 하는 사람들은 길가에서 있는 나무나 건물을 인식하지 못한다. 아마 고속도로에서 차를 몰아본 사람이라면 절로 고개를 끄덕일 것이다. 100킬로미터를 달린 후 기억을 돌이켜보면 아무것도 떠오르지 않는다. 그동안 정신을 딴 데 팔았거나 꾸벅꾸벅 졸았던 게 아닌데도 어떻게 여기까지 왔는지 기억이 나지 않는다. 뇌가 자동항법 모드여서 운전을 자동으로 하게끔 만들었기 때문이다. 그로 인해 뇌가 지금 이곳에서 일어나고 있는 많은 것들을 차단하는 것이다.

이렇듯 특정 습관에 너무 집착하면 유연성을 잃게 된다. 한 번 몸에 익은 습관은 우리를 옥죌 수 있다. 평소 늘 다니던 길이 갑자기 공사로 인해 막히면서 다른 길로 둘러가게 되었다고 상상해보라. 그동안 당신이 얼마나 그 길에 익숙해졌는지, 매일매일 새 길을 찾지 않아도 되어서 당신의 두뇌가 얼마나 편했던지 새삼 깨닫게 될 것이다. 물론 다른 길을 둘러가다 보면 다시금 주변을 자세히 살피게 되고 덕분에 잠깐이나마 집중 훈련을 할 수 있을 것이다. 다만 길을 걸으며 전화로 화상회의를 할 수는 없을 것이다. 지금은 당신 두뇌가 새 길을 찾느라 분주할 테니까 말이다. 그래도 덕분에 더 빠르고 더 멋진 길을 찾을 수 있을지 또 누가 알겠는가.

하루의 43퍼센트를 의식하지 못하는 이유

서던캘리포니아 대학교의 심리학자 웬디 우드가 입증했듯 우리 행동의 절반가량이 무의식적으로 일어난다.[2] 특정 사건이나 사람에 대한 우리의 반응, 미팅에서 우리가 취하는 행동, 마트에서 카트에 집어넣는 물건, 마시고 먹고 운동하는 방식 등도 이에 포함될 것이다.

행동의 변화를 원한다면 어느 정도는 의지력을 발휘해서 잘 프로그래밍된 우리 두뇌를 속여야 한다. 인공지능과 바둑을 두는 것만큼 끙끙대야 할 일은 아니겠지만 그래도 일단은 노력해서 특정한 행동 패턴들을 다시 인식해야만 한다(이에 대해서는 4장에서 더 자세히 알아보기로 한다).

그러니까 당신의 습관을 속여 넘길 전략이 필요하고, 나쁜 습관의 뿌리를 뽑을 수 있을 만큼의 훈련이 필요하다. 어떻게? 이에 대해서는 5장과 6장에서 자세히 알아볼 것이다.

잠시 맛보기 삼아, 훈련 하나를 소개할까 한다. 3~4분만 투자하면 집중력이 쑥 올라갈 것이다. 연습하면서 당신은 어떤 일을 습관적으로 하는지, 반대로 온전히 집중해서 일할 때는 어떤 기분인지 한번 관찰해보면 좋을 것이다.

내 습관에 반응하는
뇌 들여다보기

음미하기

초콜릿이나 과일 한 조각을 최대한 집중하여 먹어보자.

• 초콜릿이나 과일을 집어 들고 어떻게 생겼는지 자세히 관찰한 후 손으로 만져 감각을 느껴보고 냄새도 맡아보자. 느낌이 어떤가? 온도는 어느 정도인가? 맛은 단가? 짠가? 신가? 다른 맛도 나는가? 입에 들어가면 어떻게 변하는가? 씹을 때 느낌은 어떤가? 삼킬 때는 어떤 느낌인가? 뒷맛이 어떻게 다른가? 맛이 얼마나 오래가는가?

다르게 하기

이번 주에는 일 세 가지를 평소와 다르게 해보자.

- 이를 다른 손으로 닦아보자. 두뇌 훈련에도 유익하다.

- 출근하거나 장 보러 갈 때 다른 길로 가보자. 그 차이를 느껴보자.

- 평소보다 느긋한 마음으로 자신을 대해보자. 평소엔 탓할 일도 꾹 참고 넘어가 보자. 그리고 평소와 기분이 어떻게 다른지 느껴보자.

아무것도 바꾸지 않으면, 계속해서 똑같을 뿐이다

.
.
.

습관은 돌에 새긴 법령이 아니라 근육처럼 반복 훈련으로 얻은 결과물이다. 훈련을 그치면 근육처럼 축 늘어진다. 물론 그렇다고 해서 하루아침에 당장 바꿀 수 있는 것은 아니다. 습관을 바꾸기 위해선 무엇보다 안전지대를 떠나야 한다.

그러자면 자신의 많은 행동 패턴이 현재의 생활과는 더는 상관이 없는 상황에서 만들어졌다는 사실을 깨달아야 한다. 당연히 그런 습관들이 삶에 유익할 리가 없고, 심지어 얼른 버리고 싶을 만큼 신경에 거슬릴 때도 많을 것이다.

살다 보면 쉬지 않고 새로운 숙제가 밀려든다. 그래도 우리는 그 대부분을 별 어려움 없이 잘 처리한다. 새로운 상황에서 사람들이 우리에게 무엇을 기대하는지 본능적으로 깨닫기 때문이다. 그렇게 우리는 하루하루 살아가며 성장하고 발전

한다.

이제는 당신도 왜 습관을 바꾸는 것이 좋은지 어렴풋하나마 이해가 되었을 것이다.

- 나이가 들면서 우리가 해결해야 할 숙제가 달라진다.

  따라서 생각과 행동도 달라져야 한다.

  현재의 유익함을 따져 변화를 꾀하려는 노력이 필요한 것이다.
- 열린 마음과 호기심을 잃지 않는다면 아무리 나이가 들어도

  새로운 것을 발견하고 배우게 될 것이다.
- 유연성을 잃지 않으면 예상치 못했던 일에도 잘 대처할 수 있다.
- 안전지대를 벗어나 도전해야만 성장하고 발전할 수 있다.

쉬지 않고 도전하면 경험치도 넓어진다. 그럼 예기치 않은 일이 일어나도 잘 대처할 수 있고 적응할 수 있으며 여유와 만족을 느낄 수 있다. 또 시야를 넓힐 수 있다.

안전지대를 떠나야 더 오래 행복하다

호기심을 잃지 마라. 마음을 활짝 열어라. 인생은 당신이 생각한 것보다 훨씬 많은 보물을 숨기고 있다.

우리는 모두 만족을 바란다. 하지만 역설적이게도 일정 정도의 불만이 있어야 변화 욕구를 느끼게 된다. 실패의 두려움은 발목을 붙잡는다. 하지만 아무것도 바꾸지 않으면 모든 것이 지금과 똑같이 흘러갈 것이다.

안전지대는 편하다. 하지만 인생엔 새로운 도전이 필요하다. 도전해야 만족이 있고 힘이 솟으며 자신감이 생긴다. 편안한 소파에서 뒹굴지만 말고 벌떡 일어나 밖으로 나가야 한다. 오래오래 행복하고 만족하고 싶다면 안전지대를 떠나자. 너무 걱정하지 마라. 언제든 힘들면 다시 돌아오면 된다. 어차피 살다 보면 아무리 떠나고 싶지 않아도 새로운 생각과 행동을 할 수밖에 없는 상황이 온다. 그럴 때 미리미리 준비해두면 무슨 일이 있어도 든든하지 않겠는가.

우리가 지금껏 한 번도 안전지대를 떠난 적이 없다면 어떻게 되었을지 한번 상상해보라. 성장할 수 없었을 것이다. 우리에겐 변화의 욕구가 있다. 그건 우리 유전자에 박힌 진화의 산물이다. 몸도 욕망도 기대도 시간이 가면서 자연스럽게 달라진다. 과거 시스템을 박차고 나와 그것과 함께 변해야 한다. 새로운 것이 두려울 때마다, 미지의 것을 감행할 때마다, 새로운 사람이나 상황을 맞닥뜨릴 때마다 우리는 안전지대를 떠난다. 바로 이런 메커니즘이 발전의 동력이다.

이별이나 해고처럼 불행이라 생각되는 변화도 긍정적일 수 있다. 주기적으로 자신에게 물어보며 자신이 올바른 자리에 서 있는지 점검해보자. 스스로 선택한 변화를 한 걸음 한 걸음 실행에 옮긴다면 도전과 변화도 나날이 수월해질 것이다. 멋지지 않은가? 언젠가는 넓은 지평선이 펼쳐진 장관을 보게 될 것이다.

의도적으로
새로운 일에 도전하기

새로운 일에 도전하기가 겁나는가? 이 불안을 기회로, 가능성으로 삼아 안전지대를 벗어나 보자.

1. 어떤 상황, 어떤 일이 겁나는지 적어보자.

2. 무엇이 두려운지 정확히 살펴보자. 그 일을 계속 시도해보자.

   겁나는 상황, 장소, 업무, 활동, 사람에게 다가가 보자.

3. 겁나는 일을 작은 걸음, 작은 숙제로 잘게 쪼개보자.

   어떤 숙제를 해치워야 큰 목표에 도달할 수 있을까?

   목록으로 적어보자.

4. 목록의 첫걸음을 떼어보자. 첫 번째 숙제를 해보자.

2-3
'못' 하는 것이 아니라
'안' 하는 것이다

⋮

    무엇이 좋은 습관이고 무엇이 나쁜 습관인지는 주관적인 감정에 달려 있다. 가령 하기 싫은 일은 무조건 미루는 사람들이 있다. 끝까지 미루다가 도저히 더는 미룰 수 없는 순간이 닥쳐야 겨우 몸을 일으킨다. 쫓겨야 효율이 극대화되는 타입이라면 이런 습관도 나쁠 게 없다. 하지만 시간이 없어 허둥댈 때마다 스트레스를 엄청나게 받는다면 몸과 마음의 건강을 위해서라도 미루는 습관을 고쳐야 한다.

    당신에게 무엇이 좋고 무엇이 나쁜지는 당신의 기분과 욕구가 결정한다. 두뇌에게 습관은 그저 습관일 뿐이다. 뇌는 당신에게 유익한지 아닌지를 따지지 않는다. 가령 스트레스를 받을 때마다 단것을 입에 넣는 습관이 있다면 뇌는 이렇게 기억할 것이다. "또 스트레스네. 그럼 초콜릿이 필요해!" 어쨌거나 단것은 빠르게 에너지를 공급하고 행복 호르몬 분비를 촉진할 테니 뇌는 당신의 습관을 효율적이라고 저장한다. 또 같은 상황(스트레스)이 오면 곧바로 그 행동을 불러낸다. 그래서 자신도 모르는 사이 손이 초콜릿 쪽으로 향하게 되는 것이다.

같은 행동을 자주 할수록 두뇌 속 연결도 강화된다. 자동장치가 두뇌의 더 깊숙한 곳으로 옮겨가서 언젠가부터는 무의식적으로 조종될 것이다. 그렇게 시간이 가면 건강하지 못한 식습관으로 몸이 축 처질 것이고 바지가 맞지 않게 된다. 당신은 스스로 초콜릿 먹는 습관을 깨닫고 나쁜 습관이라고 느낀다. 하지만 당신의 두뇌는 좋은 습관이라고 주장한다. 설탕은 유익한 것이라고 저장을 했기 때문이다.

나쁜 습관은 빠른 손절이 해답

뭐가 좋은 행동이고 나쁜 행동인지는 당신의 뇌가 아니라 당신의 고통이 결정한다. 어떤 습관 때문에 괴롭다면 그것이 어디서 생겼으며, 그것을 버리고 어떤 다른 행동을 택할 수 있을지 고민해야 한다. 나쁜 습관은 방해가 되는 행동이다. 그런데도 우리는 변화가 싫어 핑계와 변명을 들이대며 습관을 지키려고 애쓴다.

물론 나쁜 습관을 알아내기 위해 반드시 고통스러울 때까지 기다려야 할 필요는 없다. 친구나 가족, 동료들에게 혹시 당신의 행동 중에 눈에 띄는 나쁜 습관이 있는지 물어보라. 당신은 의식하지 못한다 해도 주변 사람들은 벌써 눈치채고 있을 것이다.

나도 그런 사례가 있었다. 한동안 일을 너무 많이 벌였다. 일 욕심이 커서 들어오는 일을 하나도 거절하지 않다 보니 해야 할 일이 끝없이 늘어났다. 하루가 끝나면 오늘 처리하려던 일을 다 못했다는 생각에 늘 마음이 편치 않았다. 하지만 일을 그렇게 벌여놨으니 다 못하는 게 당연하지 않겠는가. 어느 날 친구가 지나가는 말로 이렇게 지적했다. "나 같으면 일주일 걸릴 일을 하루에 다 해치우겠다고 하니 너 욕심이 과한 거 아냐?" 그제야 내가 너무 많은 일을 벌여놓고 허둥대고 있다는 깨달음이 들었고 그날 이후 욕심을 자제하고 현실적인 목표를 세우고 거절을 하기 시작했다.

때로 우리는 자신에게 너무 과한 기대를 건다. 기대가 높을수록 실패할 확률도 높고 실망도 크다. 당신도 잠시 자신의 욕심을 돌아보지 않겠는가?

내 일상 속
습관들 관찰하기

15분 정도 시간을 내어서 당신의 만족과 행복을 방해하는 것이 무엇인지 곰곰이 생각해보자.

- 당신의 '해야 할 일' 목록에는 어떤 것들이 적혀 있는가?

  여러 가지가 떠올랐다면 그중에서 가장 중요한 일을 골라보자.

- 조용히 앉아 오늘 하루 당신이 무슨 일을 했는지 떠올려보자.

- 퇴근할 때 당신만의 의식이 있는가? 그 습관은 유익한가? 퇴근 시간 전부터 일을 손에서 놓고 퇴근 시간만 기다리는가? 아니면 막판 스퍼트를 올려 미친 듯 일하는가? 앞서 고른 그 중요한 일에 열중하지 못하도록 방해하는 행동이 있다면 무엇인가?

  퇴근을 하기 전에 3분 동안 자신의 행동을 분석해보자.

2-4

얼마나 간절한지
스스로에게 물어보라

⋮

　모든 인간은 세상에 하나밖에 없는 존재이다. 그러기에 당신에게도 당신의 인성을 구성하는 당신만의 특징들이 여럿 있을 것이다. 재능, 가치관, 습관, 사고방식, 특별한 능력…… 이런 특징들은 크게 노력하지 않아도 더욱 발전하거나 변할 수 있다.

　하지만 잘 변치 않는 인성의 핵심도 있다. 환경이 변해도 오래오래 유지되는 본질적인 특성들이다. 가령 당신은 질투심이 많은가? 수줍음을 많이 타는가? 자의식이 강한가? 사람을 좋아하는가? 인성심리학에선 그런 다섯 가지 본질적 특성을 "빅 파이브Big Five"라고 부른다. 개방성, 성실성, 외향성, 우호성, 정서적 안정성이 바로 그것이다. 이 다섯 가지 특성은 개인에 따라 차이가 있다.

- 새로운 경험에 얼마나 개방적인가?

- 얼마나 완벽주의인가? 질서를 중요시하는가?

- 사람을 잘 사귀는가? 아니면 수줍음을 많이 타는가?

- 협동적이고 공감 능력이 뛰어난가?

- 정서적으로 안정되었는가? 마음이 편한가? 아니면 쉽게 화를 내는가?

이 다섯 가지 특징은 평생토록 크게 변함이 없다. 하지만 아무리 그래도 불변의 법칙은 결코 아니다. 일리노이 대학교 연구팀의 연구 결과를 보면 심리치료는 인성을 바꿀 수 있다고 한다.[3] 2만 명 이상을 대상으로 실시한 200회 이상의 실험 결과 분석을 보면 정서적 안정성은 심리치료를 통해 긍정적으로 바뀔 수 있었다.

습관을 바꾸어 조금이나마 인성의 변화를 꾀하려는 마음은 당신 혼자만의 것이 아니다. 미국 심리학자 네이선 허드슨과 브렌트 로버가 벌인 설문 결과를 보면 응답자의 87퍼센트가 사람을 대할 때 지금보다 덜 불안하고 더 당당했으면 좋겠다고 대답했다. 97퍼센트는 더 성실했으면 좋겠다고 답했다.[4]

이처럼 밤마다 텔레비전 앞에서 감자 칩을 먹는 단순한 습관을 멈추는 수준에 그치지 않고, 인성 자체를 바꾸어 오래오래 만족스러운 삶을 바란다면 반드시 알아야 할 조건이 있다.

- 인성을 바꾸겠다는 의지가 있어야 한다.

- 실제로 바꿀 수 있다는 마음가짐이 있어야 한다.

- 변화에 습관이 들어야 한다.

　여기서 가장 중요한 것은 변화 의지이다. 그래야 변화 욕구가 생길 테니 말이다. 살다 보면 뜻하지 않은 일이 일어나서 어쩔 수 없이 변화를 감행해야 하는 때도 있다. 가령 당신이 질투심이 너무 많아서 도저히 못 살겠다며 파트너가 이별을 통보한다면 당신은 어쩔 수 없이 질투심을 억제하고 파트너를 더 믿어보려 애를 쓸 것이다. 그 첫걸음은 파트너의 휴대전화를 몰래 훔쳐보지 않는 것이며 최종 목표는 파트너를 온전히 믿을 수 있는 마음일 것이다.

　말은 참 쉽다. 하지만 실제 그 정도의 인성 변화는 실질적인 행동 욕구를 불러올 만한 계기가 있어야만 가능하다. 습관은 물론이고 인성을 바꾸자면 엄청난 노력과 자기 강제가 필요하다. 이때 도움이 되는 것이 바뀔 수 있다는 마음가짐이다. 못하겠다고, 절대 파트너를 못 믿겠다고 마음먹으면 실제로 파트너를 믿었을 때 어떤 일이 일어날지 절대 알 수가 없다.

　마지막 세 번째 조건은 습관이다. 새로운 행동 패턴이 자동으로 나올 수 있어야만 인성에 실질적 영향을 미칠 수가 있다.

'무엇'보다 '왜' 하느냐가 중요하다

인간관계는 항상 인성 변화와 습관 변화의 중요한 자극제이다. 타인과의 관계는 우리의 생각과 감정, 행동에 영향을 미친다. 우리가 남들에게 어떻게 행동하는지, 사람들이 우리를 좋아하는지에 우리가 완전히 무심할 수가 없기 때문이다.

새로운 사람을 알게 되거나 사랑에 빠진 후 미처 몰랐던 자신의 능력을 발견하는 경우가 적지 않다. 타인에겐 당신의 숨은 특징이나 능력을 끄집어낼 잠재력이 있다. 물론 당신이 허용한다면 말이다.

아 참! 한 마디 더! 인성과 행동을 바꾸고 싶다면 자발적으로, 개인의 확신에서 그렇게 해야 한다. "무엇을 하느냐"도 중요하지만, 그보다 훨씬 더 중요한 것이 "왜 하느냐"이다.

습관을 바꾸고 싶은
이유 자문하기

당신이 특별히 중요하게 생각하는 기본자세는 무엇인가?

• 가령 긍정적이다, 낙관적이다, 개방적이다, 다정하다, 공감한다
  등등이 있겠다.

이제 자신에게 물어보자.

• 나는 어떤 사람이고 싶은가?
• 나는 만족하는 삶을 얼마나 중요하게 생각하는가?
• 나는 행복을 얼마나 중요하게 생각하는가?

그다음으로 어떤 습관을 버리고 싶은지 고민해보자. 그리고 자
문해보자.

- 이 습관이 나의 인성에 어떤 영향을 미치는가?

- 어떤 상황에서 어떻게 하고 싶은가?

- 그 상황은 구체적으로 어떤 상황인가?

- 그 상황에서 나의 행동은 어떠한가?

- 바꾸고 싶은 행동은 어떤 모습인가?

지금 상태와 바라는 상태를 주기적으로 비교해보자. 그럼 바람과 현실이 어떻게 다른지 알 수 있을 것이고 변화 의욕이 더 커질 것이다. 그 상황에서 당신이 바라는 대로 행동했던 적이 있다면 그 기억을 떠올려 자신감을 키워보자.

탓하기 전에
원인을 찾아라

첫걸음

3-1
습관은 어디서 오는가?
상황을 먼저 지배할 것

:
:

앞에서도 말했듯 습관적인 행동은 뇌에 닻을 내리고서 우리가 원치 않더라도 무의식적으로 일어난다. 그래서 그런 행동을 바꾸기란 생각처럼 쉽지 않다. 먼저 행동의 뿌리를 파헤쳐 그 행동이 어디에서 시작되었는지를 알 필요가 있다. 습관이 어떻게 해서 생겼는지, 무엇이 그런 행동을 불러오는지를 안다면 바꾸기도 수월할 테니 말이다.

이 장에서는 특정 행동이 얼마나 특정 상황 및 환경과 관련이 있으며 그 환경을 바꾸는 것이 행동 변화에 얼마나 도움이 되는지를 설명할 것이다. 물론 행동이 달라지려면 자기 생각과 행동을 주기적으로 점검할 필요가 있다. 따라서 어떻게 하면 자신을 쫓는 탐정이 되어 언제 어디서 특정 습관이 나타나는지를 추적할 수 있을지 그 방법도 설명할 것이다. 그러다 보면 어떤 신념이 행동의 근간이 되는지도 절로 알게 될 것이다.

몸에 익은 행동을 버릴 수 없게 만들어 행복과 만족을 방해하는 부정적 생각 패턴이 있는지도 알 필요가 있다. 이때는 마음챙김 방법이 도움이 많이 되므로 그에 대해서도 알아볼 것이다. 마음챙김은 불쾌한 생각 및 습관과 거리를 두고 그 습관의 뿌리를 추적하며 몸과 마음의 신호를 제때 파악하여 그에 맞게 행동할 수 있도록 도와줄 것이다. 자신이 어떤 기분이고 어떤 행동을 하는지, 왜 그런 기분과 행동을 하는지를 이해한다면 행동을 바꾸기도 훨씬 수월할 테니 말이다.

우리 뇌는 프로그래밍을 했더라도 다시 프로그램을 바꿀 수 있는 컴퓨터와 비슷하다. 신경학자가 아니어도 그 사실을 모르는 사람은 없다. 당연히 습관도 프로그램처럼 바꿀 수가 있는 것이다. 습관을 바꾸려면 먼저 유익하지 않은 습관이 어디에서 오는지 살펴볼 필요가 있다.

가령 스트레스가 심한 날에는 저녁을 먹고도 또다시 이것저것 단것을 먹어댄다. 왜 그럴까? 단것을 먹으면 뭔가 보상받는 기분이 들기 때문에? 단것을 먹으면 스트레스가 풀리는 것 같아서? 만일 그렇다면 왜 하필 먹는 것으로 스트레스를 푸는 것일까? 이때 외부 상황과 주변 사람들은 어떤 역할을 할까? 이 모든 질문 뒤편엔 간단한 원칙이 숨어 있다.

행동을 바꾸고 싶다면 환경을 바꿔라

우리는 어떤 일을 왜 하는지 묻는 순간 습관을 깨닫게 된다. 한 걸음 뒤로 물러나 행동의 원인을 캐묻고 분석하는 것이 변화의 길로 나가는 첫걸음이다.

자신을 가만히 지켜보다가 습관성 행동이 특정 상황과 관련이 있다는 사실을 깨달을 수도 있다. 서던캘리포니아 대학교 심리학과 교수 웬디 우드는 실험을 통해 그 관련성이 얼마나 큰지를 입증한 바 있다.[5] 담배를 피우는 사람이 휴가를 가서 금연을 시도하면 집에서보다 성공 가능성이 두 배 더 높다는 사실을 밝혔다. 아마 담배를 스트레스 해소용으로 피웠기 때문에 스트레스가 없는 휴가지에선 금연이 더 쉬운 게 아닐까? 이런 사실에서 우리는 다음과 같은 결론을 내릴 수 있다.

행동을 바꾸고 싶다면 환경을 바꾸어야 한다. 몇 가지 환경은 지금 당장 바꿀 수 있을 것이다. 책상 위 과자 그릇은 싹 치워버릴 수 있다. 넷플릭스를 해지하고 텔레비전을 창밖으로 던져버릴 수도 있다.

하지만 분명 당신이 어찌할 수 없는 일들도 있을 것이다. 설사 그렇다고 해도 특정 습관이 언제 어디서 등장하는지를 계속해서 주의 깊게 지켜볼 필요가 있다. 가령 손톱을 물어뜯는 버릇이 있다면 왜 그런 짓을 하는지 고민해보는 것이다. 긴장해서? 딴생각하느라? 스트레스를 풀려고? 자신을 느끼기 위해? 이유를 알았다면 더 고민해보자. 왜 긴장을 하는 것일까? 왜 자신을 느끼지 못하는 걸까? 왜 딴생각을 하는 걸까?

증거를 하나도 놓치지 않는 자신의 탐정 셜록 홈스가 되어보자. 아마 습관 대부분이 원래 목적에 전혀 도움이 안 된다는 사실을 깨닫게 될 것이다. 손톱을 아무리 물어뜯어봤자 긴장은 전혀 풀리지 않는다. 그렇다면 손톱을 물어뜯지 말고 다른 식으로 스트레스를 해소할 수 있는 길은 없을까? 가령 손가락으로 책상을 두드리거나 주먹을 꽉 쥐는 식으로 말이다. 그럼 소리나 힘을 통해 스트레스를 좀 풀면서도 손톱을 무사히 지킬 수 있다.

예전엔 우리를 지켜주던 것이 지금은 우리를 옥죈다면

⋮

　자신이 어떤 행동을 하는지도 물어야 하지만 무슨 생각을 하는지도 열심히 살펴야 한다. 둘은 별개가 아니기 때문이다. 우리 모두에겐 나름의 신념이 있다. 당신도 그럴 것이다. 신념은 옳다고 확신하는 가치관, 관념, 기준이다. 인상적인 사건과 경험, 가족과 친구, 주변 사람들이 그 신념의 형성에 영향을 미쳤다.

　신념에는 부정적 신념과 긍정적 신념이 있다. 긍정적 신념은 자신을 믿고 무엇이든 하도록 북돋아준다. 또한 질서와 안정을 선사한다. 부정적 신념은 길을 막는다. 우리를 묶은 행동 패턴에 붙들어 매어 행복과 만족을 방해한다. 대표적인 부정적 신념으로는 다음과 같은 것들이 있다.

- 난 못해.

- 시간 없어.

- 남들이 더 잘해.

- 난 못생겼어.

- 난 운이 없어.

- 아무도 날 좋아하지 않아.

- 남들 생각이 중요하지.

- 난 그럴 자격이 없어.

- 난 실패했어.

엄한 부모님 밑에서 자랐다면 당신은 밥을 먹을 때 입 다물고 조용히 밥만 먹었을 것이다. 그래야 착한 아이라며 칭찬을 들었을 테니 말이다. 부모님께 대들어서도 안 된다고 배웠을 것이며 얌전하게 부모님 말씀을 잘 들어야 훌륭한 사람이 된다고 믿었을 것이다. 그래서 지금 당신은 미팅 시간에도 조용히 입을 꾹 다물고 있다.

문제가 있어도 절대 다투지 않는 가정에서 자란 아이들은 "싸움은 나쁘다"라는 신념을 갖게 된다. 반대로 많이 싸운 가정의 아이들은 "싸우는 게 정상이다"라고 믿게 된다.

내 경우도 고집스럽게 지켜온 부정적 신념이 하나 있다. 바로 수학을 못한다는 믿음이다. 그 믿음의 기원은 고등학교 수학 선생님이었다. 선생님은 여자애들은 숫자에 약하다는 말을 입에 달고 살았다. 덕분에 나는 대학에 들어가 심리학 공부를 무사히 마쳤음에도 여전히 숫자에 약하다는 신념을 버리지 못했다. 뭔가 계산할 일이 생기면 갑자기 머리가 하얘지면서 아무 생각도 나지 않는다. 식당에서는 혹시 계산을 잘못해서 창피를 당할까 봐 전전긍긍한다. 합리적으로는 내가 계산을 잘한다는 것을 누구보다 잘 알지만, 여자는 계산을 못한다는 신념을 주입받은 불안한 여자아이가 여전히 내 안에서 무의식적으로 살아 숨 쉬는 것이다.

당신도 어린 시절. 혹은 특정 상황에선 자신의 충동이나 욕구를 경청하는 것이 무의미하다는 경험을 했을 수 있다. 남자들은 슬퍼도 눈물을 꾹 참는다. 어린 시절 남자는 울지 않는다고 배웠기 때문이다.

'해야만 한다'를 내려놓자

하지만 어제는 우리를 보호해주던 것이 오늘은 우리를 옥죈다. 따라서 자신의 신념을 쉬지 않고 점검하여 타당성 여부를 따져볼 필요가 있다. 울지 않는 남자도 울고 싶으면 울 수 있다. 운다고 해서 생명이 위태로운 것도 아닌데 굳이 울음을 참을 이유가 무엇이냐며 생각을 바꿀 수 있다.

처음에는 기분이 약간 이상할 수도 있다. 오랫동안 그 신념을 편안한 옷처럼 걸치고 살아왔기 때문에 옷을 벗어 시원하기도 하지만 뭔가 허전하고 얄궂을 수도 있다. 이별은 언제나 양가감정을 몰고 오는 법이다. 따라서 이게 단순한 이별의 고통인지 아니면 진짜 경고신호인지를 점검해볼 필요가 있다. 따지고 보면 신념이란 위태로운 세상에서 안전하기 위해 품었던 확신이었으니까 말이다.

당신에게 그 신념을 가르쳤을 당시 부모님도 같은 심정이었다. 부모님은 그 신념이 앞으로 당신을 보호해줄 것이라 믿었다. 하지만 부모님 역시 자기 부모님과 자기 경험에서 자유로울 수 없는 존재이다. 그 말은 당신 신념은 부모님과 조부모님의 삶이 남긴 찌꺼기이기도 하다는 뜻이다. 하지만 세상은 변했고 당신을 보호할 신념도 달라졌다. 가령 전쟁 때는 통하던 원칙이 지금은 아무짝에 쓸모없는 경우가 얼마나 허다한가.

그러니 특정 신념을 주입했다고 가족을 원망하지 마라. 그래서는 한 발짝도 앞으로 나아가지 못한다. 그 신념이 왜 생겼는지 그 원인을 이해하려 노력하라. 당신의 부모님 역시 당신과 마찬가지로 무의식적으로 자신의 신념을 실천했을 확률이 높기 때문이다.

중요한 것은 당신에겐 기회가 있다는 사실이다. 당신에겐 자신의 신념을 되짚어보고 유익한 새로운 기준을 세울 가능성이 있다. 물론 하루아침에 그렇게 될 수는 없다. 여전히 해묵은 신념이 옳다고 생각할 것이니 말이다.

그럴 때마다 기억하자. 당신에겐 그 신념을 따를지, 다른 길을 개척할지 결정할 기회가 있다는 사실을 말이다.

아래와 같이 세 단계를 거쳐 자신의 신념을 점검해보자.

1. 자신의 신념이 무엇인지 알아본다.
2. 그것이 어디서 왔는지 고민해본다.
3. 그것이 옳은지 따져본다.

내 신념은 무엇인지
적어보고 살펴보기

노트에 다음 문장 아홉 개를 완성해보자.

- 내 인생은 _____

- 인간은 _____

- 아이들은 _____

- 남자는 _____

- 여자는 _____

- 부모란 _____

- 우리 엄마는 _____

- 우리 아빠는 _____

- 나는 절대로 _____ 하면 안 된다.

이상과 같은 연습을 반복하다 보면 자신도 모르게 일상에서 되풀이하는 습관을 깨달을 수 있을 것이다.

다음으로 일, 건강, 성공, 관계, 돈, 친구, 이웃 등 여러 주제에 대한 당신의 신념을 기록해보자. 어떤 점이 가장 눈에 띄는지 주변 사람들에게도 물어보자.

당신의 개인적인 신념은 어떤 것들이 있는가? 노트에 적어보자.

_____

_____

_____

_____

_____

_____

_____

_____

이와 같은 신념들이 어디서 왔는지 고민해보자.

당신이 자주 하는 말은 어디서 들었던 것인가?

누가 그런 말을 했던가?

어떤 경험이나 사건이 그 배경에 있는가?

그다음으로 이렇게 물어보자.

• 어떤 신념이 나를 성장시키는가?

• 어떤 신념이 나의 성장을 가로막는가?

• 어떤 신념이 압박감을 주는가?

• 어떤 신념이 용기와 힘을 주는가?

• 어떤 신념이 행복과 만족을 방해하는가?

이 훈련은 몇 주가 걸릴 수도 있다. 인식과 성찰, 시간이 필요한 내면의 통찰 과정을 작동시킬 것이기 때문이다.

3-3
고통을 참으면서까지
신념을 지킬 필요는 없다

:
:

    마음챙김은 일종의 집중 훈련이다. 지금, 이 순간 일어나는 일을 판단하지 않고서 의식적으로 인식하는 훈련이다. 그를 통해 과거나 미래를 생각하지 않으면서 지금 여기에 있는 연습을 한다. 이런 특별한 형식의 집중은 불교 교리와 명상에 그 기원을 두고 있다. 현재는 심리치료에서도 마음챙김 훈련을 많이 사용하고 있다.

    공원 벤치에 앉아서도 마음챙김 연습을 할 수 있다. 지금 당신의 눈에 무엇이 보이는지 하나씩 생각해본다. 참나무 다섯 그루가 보이고, 그 밑에서 꼬마 셋이 예쁜 색깔 티셔츠를 입고 공놀이를 한다. 그 옆으로 강아지 한 마리가 지나가다 다리 한쪽을 쳐든다. 파란 하늘에는 검은 구름 하나가 지나간다. 당신은 숨을 들이마신다. 숨을 내쉰다.

위의 사례에서 마음챙김이란 주변 환경의 인식이다. 이렇듯 마음챙김은 인식을 키운다. 당신은 분별심을 버리고 평가하지 않는다. "애들이 참 시끄럽네." "저 개는 누구 개야? 왜 혼자 돌아다니며 오줌을 찔찔 싸는 거야?" "아, 비가 오려나." 이런 생각을 하지 않는다. 고민도, 걱정도, 이 순간에는 내려놓는다. 당신은 그저 이 순간에 일어나는 일을 바라보면서 당신의 뇌에 잠시 휴식을 선사한다.

이런 인식 훈련은 일상에서도 많은 도움이 된다. 정확한 인식은 자기 생각과 행동을 분석하고 해석하여 마침내 변화시킬 훌륭한 계기가 될 수 있다. 특정 순간 자신의 마음에서 어떤 일이 일어나는지를 깨닫는 것이다. 지금 당신은 짜증이 날 수도, 스트레스를 받았을 수도, 겁이 날 수도 있다. 심장이 벌렁거리고 속이 쓰리고 어깨가 뭉치고 두통이 생기는 등 신체 증상이 나타날 수도 있다. 그것을 인식하는 것이 첫걸음이다. 그러고 나면 무엇이 이런 반응을 불러오는지, 당신을 자극하고 괴롭히는 해묵은 신념 때문은 아닌지, 고민해볼 수 있다.

- 난 재수 없는 인간이야.
- 난 절대 못 해.
- 어쩌다 저런 사람을 만났을까?

- 아무도 날 사람 취급하지 않아.

- 아무도 내 말을 듣지 않아.

누가 그런 말을 하는가? 그걸 어디서 알았는가? 당신의 신념은 정말 사실일까? 어디서 그런 신념이 생겼을까? 마음챙김을 통해 신념을 되짚어볼 필요가 있다. 신념의 정체를 확인해야만 그것의 진실 여부를 점검할 수가 있다. 심지어 우리 사회가 우리에게 주입하는 신념조차도 언제나 모든 사람에게 유익할 수는 없는 법이다.

- 주는 대로 먹어라.
- 일찍 일어나는 새가 벌레를 잡는다.
- 남자는 평생 세 번만 운다.

이런 신념들은 너무 포괄적이어서 일말의 진실이 들어 있을 수도 있겠지만 전 국민이 반드시 지켜야 하는 법규가 아니다. 고통스럽다면 고통을 참으면서까지 지켜야 할 필요는 없다는 말이다. 마음챙김을 훈련하면 자기 생각을 멀찍이서 지켜볼 수 있기에, 해묵은 신념이 괜스레 마음을 헤집지는 않았는지 차분히 점검할 수 있다.

몸 신호를 알아차리고 그에 맞게 행동하자

몸의 신호를 알아차리고 그것에 맞게 행동한다.

가령 "주는 대로 먹어라." 이 말을 예로 들어보자. 이 말은 양식은 소중한 것이니 좀 맛이 없더라도 가탈을 부리지 말고 참고 먹으라는 뜻이다. 전쟁을 겪은 할아버지 세대라면 두말없이 수긍할 것이다. 먹을 것이 귀해 늘 배가 고팠으니 이것저것 가릴 처지가 아니었다. 하지만 지금은 음식이 넘쳐나는 세상이다. 못 먹을 때를 대비해 먹기 싫어도 억지로 참고 먹어야 할 이유가 없는 시대이다.

물론 접시가 넘치게 담아 와서 반도 못 먹고 다 남긴다면 낭비요 생각 없는 짓이다. 하지만 위의 신념은 뭐든 상관없이 다 먹어야 한다는 논리이다. 지금 우리에겐 선택의 가능성이 있다. 몸의 신호를 유념하며 그에 따라 행동할 수 있는 것이다. 또 만일 생각보다 많이 먹히지 않아서 남겨야 할 상황이라면 싸달라고 해서 집에 가져오면 된다. 억지로 꾸역꾸역 먹고 탈이 나는 것보다는 남기는 편이 낫다.

마음챙김은 변화로 가는 첫걸음이다. 신념을 점검하고 습관의 기원을 추적할 좋은 기회를 제공한다.

매 순간이 기회이다. 반복되는 한심한 행동에 화를 낼 것인지 아니면 그 행동을 이해하려 노력할 것인지 당신은 선택할 수 있다. 자신이 무능하다고 낙인찍고 항복할 것인지 아니면 부정적인 자기평가를 분석할 것인지 선택할 수 있다. 당신의 발목을 잡고 당신을 비난하고 욕하는 생각들을 떨쳐낼 수가 있는 것이다.

현 상황을 주의 깊게 인식하고 깊게 호흡한 후 매 순간 새롭게 시작할 수 있다. 바로 지금, 다시 시작할 수 있다. 목표는 자신을 사랑하는 것이다. 다음과 같은 말로 자신을 지지하는 것이다.

- 난 할 수 있어!
- 용기를 내자!
- 시작해보는 거야!
- 안 하면 평생 못 해!
- 벌떡 일어나서 나가자!

자신에게 필요한 만큼 기회를 주자. 다시 미끄러져 예전의 행동 패턴으로 돌아간다 해도 야단치지 말고 짜증내지 말자. 지극히 정상이다. 오랜 세월을 당신은 그 행동과 신념과 함께 하였다. 그러니 용기를 잃지 않고 노력하는 자신을 칭찬하고 보상하라. 안전지대를 떠나 변화를 시작하려면 용기와 에너지가 필요하다. 당신이 지금 가려는 그곳은 신대륙이다. 자부심을 지녀라.

마음챙김 연습으로
뇌에 휴식 선물하기

마음챙김 연습

언제 어디서나 할 수 있는 연습이다. 호흡에 집중하자. 숨을 평소보다 조용히, 더 깊게 쉰다. 폐로 들어온 숨결을 느껴보고 흉곽과 배의 움직임을 느껴보자. 걷거나 서 있거나 누워 있거나 앉은 자신의 자세를 자각해보자. 호흡의 흐름을 느껴보자. 잡념이 떠오르면 잡념임을 인식하고 다시 호흡에 집중하여 잡념을 떠나보낸다.

이렇게 마음챙김 훈련으로 자기 생각과 감정을 인식하면 자신에 대해 더 많이 알게 된다. 가령 자신이 변화하려 노력하지 않고 푸념만 해댄다는 사실을 깨닫게 될 것이다. 그럼 자연스럽게 방해가 되는 습관을 찾아낼 수 있을 것이다.

부정적 신념을 버리고 긍정적 신념을 채우는 연습

다음 질문에 대답해보자.

• 나의 관심은 어떤 문제로 향하는가?

• 왜 나는 이 문제에 관심을 보이는가?

• 어떻게 하면 이 문제를 해결할 수 있을까?

노트에 적어두었던 당신의 신념들을 읽어보자.

어떤 신념을 버리고 싶은가?

버리고 싶은 신념들을 다시 적어보자.

그 신념들 대신 기분이 좋아지는 말을 적어보자.

단념하지 않고 단순하게,
시스템을 바꿔라

그다음 걸음

4-1

이루려는 목표보다
그 수단이 더 핵심이다

:
:

육하원칙이 무엇인지는 다들 알고 있을 것이다. 누가who, 언제when, 어디서where, 무엇을what, 어떻게how, 왜why 했는 가? 그중에서 우리에겐 '왜' '어떻게' '무엇'이 중요하며, 행동 을 바꾸어 삶의 만족도를 높이기 위해서는 이 세 가지 질문을 정확히 이 순서대로 던져야 한다. 왜? 어떻게? 무엇을? 그러니 까 '어떻게'를 고민하기에 앞서 이유를 먼저 물어야 한다. 왜 당신은 변화를 원하는가? 변화의 동기가 무엇인가? 그러고 나 면 '어떻게'가 '무엇'을 앞서야 한다. 어떻게 목표에 도달할 것 인가? 어떤 행동을 통해?

자신의 바람을 알고 어떻게 그 바람을 실현할 수 있을지를 고민하는 일이 왜 그렇게 중요할까? 이제 그 이유를 설명할 것이다. 당신이 변화시키고 싶은 것이 무엇인지, 그 이유가 무엇인지를 깨닫는 연습을 할 것이다. 동기 뒤에 숨은 것이 중요하다. 당신은 특정한 그 목표 하나만을 달성하고 싶은 것인가? 아니면 인생관 자체를 바꾸고 싶은 것인가? 확신에 차서 변화를 추구하는가? 아니면 자신만을 위해서 그러는 것인가?

방향을 정하기 위해서는 목표가 필요하겠지만 꾸준히 노력하기 위해서는 시스템이 있어야 한다. '어떻게'를 알아야 한다. 목표를 달성하면 행복하지만 그건 그저 순간의 성공일 뿐이다. 성공적인 시스템은 장기적이다. 오래오래 만족하자면 목표보다 수단이 더 중요하다. 목표로 가는 길이 즐겁다면 목표를 이루지 못한다고 해도 훨씬 덜 힘들 것이다. 거기서 한 걸음 더 나아가 아예 수단을 목표로 삼는다면 목표는 언제나 우리 곁에 있을 것이다. 정말 실용적이지 않은가?

이 장에서는 또 자신에 대한 기대를 현실적으로 맞추는 것이 왜 중요하며, 의식적인 결정을 통해 바람직하지 않은 습관을 버리고 새로운 습관을 들이는 것이 어떻게 가능한지도 배우게 될 것이다. 훈련을 통해 중요한 것에 초점을 맞추어 에너지를 절약하고 즐겁고 쉽게 목표에 도달하는 시스템을 개발할 수 있을 것이다. 이것이 작은 걸음의 길이다. 찻주전자와 발터 그로피우스, 커닝 페이퍼, 마라톤 경주, 복잡한 심리 이론들이 의도적인 계획과 무슨 관련이 있는지 알게 되는 건 덤이다.

목표의 진짜 동기가 무엇인가?

목표에 이르지 못하는 건 당신 탓이 아니다. 당신을 둘러싼 시스템 탓이다. 목표를 이루려면 먼저 자신이 진정으로 무엇을 원하는지, 어떤 것이 걸림돌이 될지를 알아야 한다. 그러니까 왜 변화를 바라는지 이유를 가장 먼저 알아야 한다. 당연하지 않은가?

친구들이나 내담자들에게 자주 듣는 말이 있다. "운동을 하고 싶어요." 그럼 나는 바로 이렇게 대답한다. "해!" 진짜로 원한다면, 누가, 무엇이 당신을 막겠는가?

중요한 것은 자신의 진짜 의지를 깨닫는 것이다. 목표 뒤에 숨은 것이 무엇인가? 문득 앙투안 드 생텍쥐페리의 멋진 말이 떠오른다. "배를 건조하고 싶다면 남자들을 불러 모아 나무를 모으고 도구를 준비하고 임무를 배당하고 일을 나누어줄 것이 아니라, 그들에게 끝없이 먼 바다를 향한 동경을 가르쳐라."[6] 이유가 결정적이다. 배를 위해 배를 건조하려 하는가? 아니면 바다로 나가기 위해서인가? 그 둘은 차이가 크다.

이 말을 운동에 적용해보면 이런 의미일 것이다. 당신이 운동하고 싶은 이유가 살을 빼고 날씬해져서 딴 사람들한테 인기를 끌고 싶기 때문인가? 아니면 건강하게 살려면 운동이 꼭 필요하다고 생각하기 때문인가?

다이어트도 마찬가지이다. 정말 많은 사람이 살을 빼고 싶어 한다. 하지만 왜 그럴까? 5킬로그램을 빼는 것이 목표인가? 아니면 건강하게 살고 싶은 것이 목표인가?

전자라면 극단적인 다이어트를 해서 빨리 목표에 도달할 수 있을 것이다. 하지만 요요가 올 위험이 크다. 다이어트가 끝나고 다시 예전처럼 먹는다면 뺀 살은 금방 다시 돌아올 것이다.

하지만 건강이 목표라면 시스템만으로도 목표에 도달할 수 있다. 운동을 더 많이 하거나 식습관을 바꾸는 식으로 일상에 체계를 도입하는 것이다. 그런 방식은 결국 더 건강한 다른 생활방식에 익숙해지는 것과 다르지 않다. 그러니까 과거의 생활 습관을 버리고 새로운 생활 방식으로 갈아타는 것이다. 물론 항상 말처럼 쉬운 일은 아니다. 학자들은 새로운 식습관이 자리 잡기까지 적어도 3년은 걸린다고 주장한다.

이 사례들의 뒤편에 숨은 기본 원칙이 중요하다. 목표 지향적 행동보다 시스템 지향적인 행동이 굳건히 자리를 잡아야 장기적 성과를 올릴 수 있고 꾸준한 효과를 거둘 수 있다.

먼저 생각해보자. 아직도 바라는 수준인가? 아니면 이미 실천하고 있는가? 이제 진짜 동기가 무엇인지 고민하라. 그저 특정한 한 가지 목표를 이루고 싶은 것인지 아니면 인생관 전체를 바꾸고 싶은 것인지 잘 생각해보라. 가령 담배를 예로 들어보자. 담배를 끊기로 결심했는데 누군가 당신에게 담배를 권한다. 당신이 할 수 있는 대답은 두 가지이다.

"담배 끊으려고요." 혹은 "담배 안 피웁니다." 두 대답에 깔린 태도는 전혀 다르다. 당신의 입에서 "끊으려고요"라는 대답이 나온다면 바라는 행동이 아직 완전히 몸에 익지 않은 것이다. 하지만 "담배 안 피웁니다"라고 대답한다면 당신은 이미 이 순간 목표를 생활화했기에 흡연에 대한 추가적인 논의를 원천적으로 차단할 수 있다. 상대가 더는 당신에게 담배를 권하지 않을 것이므로 또 한 번 선택의 갈림길에 설 필요가 없을 것이다. 진정으로 바라는 것이 무엇인지 깨달아서 일단 결정을 내린다면 그 결심을 행동으로 옮기는 것 또한 훨씬 수월하다.

물론 바탕에 깔린 진짜 동기를 모르고도 습관을 버릴 수 있다. 하지만 확신에 차서 결심한 것이 아니라 남들을 위해서 결정을 내렸다면 엄청난 자제력과 의지가 필요하고 도무지 재미가 없을 것이다. 어떻게 하면 더 쉽게 목표를 향해 갈 수 있을지는 다음 장에서 알아보기로 하자.

목표에 도달한 순간을
구체적으로 상상해보기

목표에 도달하면 어떤 기분일까? 구체적인 이미지를 이용해 미리 느껴볼 수 있다. 목표에 도달했을 때 어떤 기분이 들면 좋겠는가?

숨을 깊게 들이쉬고 눈을 감는다. 목표에 도달한 순간 어떤 기분이면 좋을지 최대한 구체적으로 이미지를 떠올려보자. 당신 얼굴은 어떤 표정일까? 자부심에 어깨가 으쓱해진 당신은 어떤 모습인가? 어떤 자세를 취하고 있나? 숨은 어떻게 쉬나? 노트에 그 모습을 그려보자. 그걸 볼 때마다 당신은 목표에 도달한 기분을 떠올릴 수 있을 것이다.

4-2
아직 바라는 수준인가?
이미 실천하고 있는가?

·
·
·

  방이 폭탄 맞았다. 도저히 이대로는 살 수가 없어서 팔을 걷어붙이고 청소를 시작한다. 쓸고 닦고 버리고 정리를 해서 드디어 두 시간 만에 목표를 달성한다.

  하지만 지속적인 시스템을 통해 애당초 방이 그렇게 어질러지지 않도록 한다면 어떨까? 체계 지향적 행동은 밥을 먹고 나면 바로 설거지를 하고 빨래는 바로바로 세탁기에 집어넣는 것이다. 설거지 그릇이 넘칠 때까지, 입을 옷이 없을 때까지 버티지 말고 그때그때 치우고 정리를 하는 것이다.

  그렇다. 이번에도 작은 걸음, 작은 변화이다. 시간과 노력이 크게 필요치 않은 작은 행동들이 모여 큰 변화를 일으킬 수 있다. 물론 방법이야 어떻든 목표를 이룰 수는 있겠지만 순간의 성공이 안겨다 준 행복은 오래가지 않는다.

목표는 방향을 정해주지만 지속성이 있으려면 체계가 필요하다. 내 친구는 마라톤을 좋아했는데 마지막 출전 경기를 앞두고 42킬로미터 완주를 목표로 6개월 동안 피나는 훈련을 했다. 오직 그 목표만을 생각하고 최선을 다했다. 바라던 대로 무사히 완주했고, 그날 이후 며칠 동안 너무 좋아서 베개 밑에 완주 기념 메달을 깔고 잤다. 하지만 곧 깊은 수렁에 빠져들었다. 더 이상 훈련할 필요가 없어진 것이다. 42킬로미터라는 목표는 이미 달성했다. 일주일에 최소 다섯 번은 뛰어야 한다는 의무감이 사라지자 친구는 목표를 잃고 방황했다.

결국 친구는 목표 추구에서 시스템 추구로 방향을 바꾸었다. 마라톤에는 이제 출전하지 않을 테니 달려야 할 목표량은 없지만 대신 시스템을 정했다. 여전히 친구는 달린다. 이제는 달리기가 좋아서 달린다. 나중에 늙어서도 몸이 말을 들어준다면 오래오래 달릴 생각이다. 이젠 메달이 목표가 아니라 몸과 마음의 행복이 목표이다. 새로운 시스템과 새로운 습관을 익혀 달리기를 일상으로 끌어들일 수 있었다. 이렇듯 목표는 방향을 잡아준다.

다만 삶은 늘 여기서 일어난다는 사실을 잊지 말아야 한다. 목표가 있기 전에도, 목표를 향해 달리는 중에도, 당연히 목표를 달성한 후에도 삶은 여기에 있다. 길을 목표로 보면 종착역을 통과하는 그 짧은 순간뿐 아니라 언제나 늘 목표에 있을 수 있다. 오랜 준비 기간 역시 목표에 포함될 테니까 말이다.

목표를 달성했는데 행복이 줄었다면?

목표에 도달하는 것은 순간의 성공에 불과하다. 하지만 성공적인 시스템은 오래간다.

"로또에 당첨되면 세계 일주를 할 거야." 아마 당신도 이런 생각을 해봤을 것이다. 주변에도 이런 식으로 생각하는 사람들이 많을 것이다. 이들은 희망과 바람을 목표 달성과 연결한다. "5킬로그램 빼면 자신감이 늘 거야." "운명의 짝을 만나야 행복하지."

왜 그 일이 일어나기를 기다리는가? 스스로 만든 잘못된 신념을 고치기만 하면 행복해질 수 있는데 말이다. "난 이대로도 좋아." "난 혼자서도 행복해." "열심히 돈 모아서 여행 가야지." 이렇게 생각하면 절로 행복이 찾아올 것이다.

성과(成果) 사회에선 "모 아니면 도"라는 식의 사고가 팽배하다. 목표에 도달하지 않으면 아무것도 이루지 못한 것이다. 하지만 목표로 가는 길을 즐길 수 있다면 그 길이 계획의 일부, 시스템의 일부, 삶의 일부가 될 것이므로 목표에 도달하지 못한다고 해도 그리 힘들지 않을 것이다. 여섯 시간 동안 산에 올라서 마침내 정상에 도달했다고 상상해보자. 정작 정상에 머무는 시간은 길어야 30분이다. 그곳까지 가는 시간과 비교할 때 얼마나 짧은가? 또 기껏 정상에 올랐는데 구름과 안개가 자욱해서 아무것도 안 보인다면 어쩔 것인가? 고생 고생한 여섯 시간이 다 헛수고일까?

등산을 좋아한다면 사실 산을 오른다는 사실만으로 이미 목표에 도달한 것이다. 정상에 못 올랐다 해도 아무 문제가 없다. 좋아하는 일을 했기 때문이다. 또 정상에 도달한 후에도 목표를 잃고 헤매지 않는다. 계속, 하던 대로 하면 될 것이고 그렇게 즐기다 보면 또 새로운 목표와 도전을 발견할 것이다. 그 모든 것이 당신의 시스템이기 때문이다. 목표는 자극을 주고 의욕을 북돋는다. 하지만 목표만을 목표로 삼아서는 안 된다.

목표 달성보다 시스템이 먼저이다

목표만 생각하면 그 한순간으로 행복이 줄어든다. 그러니 목표를 이룰 때는 결과만이 아니라 과정도 중요하다.

바우하우스 창립자인 건축가 발터 그로피우스는 새로운 '건

축술'을 창조하겠다는 꿈을 키웠다. 한마디로 그는 예술과 기술 통합을 꿈꾸었다. 디자인과 건축 분야에선 "형식은 기능을 따른다Form Follow Function"가 기본 원칙이다. 가령 주전자를 예로 들어보자. 주전자 디자인이 제아무리 아름다워도 물을 따를 때 물이 흐르거나 뚜껑이 빠진다면 잘 팔리지 않을 것이 분명하다.

이 원칙을 우리 주제로 옮겨보면 시스템이 유용하지 않으면 행복도 없다는 뜻으로 해석할 수 있다. 물론 시스템이 유용하지 않아도 목표에 도달할 수는 있다. 하지만 거기까지 가는 동안 소중한 자원을 낭비할 것이다. 당신에게 필요한 것은 시스템이다. 기쁘게, 가볍게 당신을 목표로 데려갈 시스템이다. 그것이 작은 걸음의 길이다. 오래오래 행복하기 위해서는 둘 다가 만족스러워야 한다. 결과는 물론이고 거기까지 가는 길도 행복해야 한다. 기억하자. 목표는 부차적이다. 시스템이 먼저이다.

약속에서 빠져나갈
구멍을 만들지 마라

⋮

목표가 전부는 아니라는 건 이미 앞에서 충분히 배웠다. 하지만 목표는 방향을 알려주고 의욕을 북돋는다. 따라서 어떤 목표를 추구하며 그것을 어떻게 구성하는지도 중요하다. 성공과 실패는 당신에게 달려 있고 당신의 행복도 당신의 손에 있다. 여기서는 크기가 중요하다. 목표가 적당한 크기여야 한다.

목표가 너무 크면 금방 좌절한다. 도저히 이룰 수 없을 것 같기에 서둘러 항복을 해버린다. 자신에게 아무 기대도 걸지 말라는 말이 아니다. 기대가 현실적이어야 실망도 없다는 뜻이다. 그렇다고 목표가 너무 작아서도 안 된다. 별 볼일 없는 일을 이루려 굳이 애쓸 사람은 많지 않다. 목표가 너무 작으면 의욕이 나지 않는다.

또한 목표 달성에 당신이 영향을 미칠 수 있어야 한다. 현실적인 목표를 세운다는 것은 당신이 목표에 어느 정도 영향을 미칠 수 있는지를 안다는 뜻이기도 하다. 당신이 전혀 손쓸 수 없는 일이라면 목표로 삼아본들 무슨 소용이 있을까? 달리기를 하려면 비나 추운 날씨가 그런 일들이고, 금주를 목표로 삼았다면 지인 초대가 그런 난관일 것이다.

설사 힘든 일이 닥쳐도 길은 있다. 외부 조건이 완벽하지 않을 때 스스로 어떻게 할지를 고민하면 된다. 가령 건강한 식생활을 목표로 삼았는데 나들이 계획이 잡혔다면 외식을 하지 말고 도시락을 싸면 된다. 과일이나 채소, 견과류로 간편한 도시락을 싸보자. 언제 어디서도 길은 있다.

목표는 달성 가능하고 측정 가능하게

운동선수는 훈련하면서 기록을 잰다. 육상 선수는 얼마나 빨리 달렸는지를, 역도 선수는 얼마나 무거운 역기를 들었는지를 기록한다. 하지만 목표가 행복한 사람이라면 어느 정도 목표를 달성했는지 시계나 체중계로 잴 수 없다. 그래서 이런 추상적인 목표는 구체적인 목표를 만들어내는 상위 목표로 생각해야 한다. 구체적 언어로 구체적 계획을 세워야 목표 달성이 쉽다. 세세한 부분까지 최대한 빠뜨리지 말고 꽉 채워 빠져

나갈 구멍이나 핑곗거리를 미리 막아야 한다.

"규칙적으로 운동을 할 거야." 이런 식의 헐렁한 목표는 실패하기 쉽다. 더 구체적으로 계획을 세우자. "월요일부터 일주일에 세 번, 월요일·수요일·금요일 저녁 6시에 한 시간씩 걸을 거야."

동기도 함께 적는 것이 좋다. 그래야 무엇 때문에 이런 목표를 세웠는지 잊지 않고 자신을 채찍질할 수 있다. 목표가 긍정적이고 현재형이면 더 좋다. 가령 이런 식이다.

"월요일부터 일주일에 세 번, 월·수·금 저녁 6시에 한 시간씩 걷는다. 스트레스 해소에 도움이 되고 건강에도 유익하니까."

목표를 완성했다면 종이에 적어보자. 그래야 더 현실적으로 다가온다. 머릿속에만 있던 계획이 종이로 옮아가며 현실성을 얻어 실질적인 목표가 된다. 그 종이를 눈에 잘 띄는 곳에 붙여두자. 목표를, 동기를, 자신과의 약속을 눈에 보이는 곳에 두고 되새기자.

이제 당신은 자신과 계약을 체결했다. 이 계약을 실행에 옮길 때가 오면 더는 선택이나 결정을 내릴 필요가 없다. 월요일 6시가 되면 고민할 필요 없이 운동화를 신고 밖으로 걸어 나가기만 하면 된다. 자, 다시 한번 점검해보자.

- 당신의 목표는 너무 크지도 작지도 않다.

- 목표 달성 여부는 오직 당신에게 달려 있다.

- 당신의 목표는 측정 가능하다.

- 당신의 목표는 구체적이다.

- 당신의 목표는 자신과 맺은 계약이다.

오직 나만을 위한
세세한 목표 세우기

- 두 시간 안에

- 오늘 저녁에

- 이번 주말까지

이처럼 목표는 최대한 구체적으로 세운다. 이제 당신이 달성하고픈 현실적인 목표 다섯 가지를 적어보자.

잊지 말자. 다른 그 누구도 아닌 당신만을 위한 목표여야 한다. 남들이 칭찬하건 야단을 치건 상관없다. 당신의 행복에 도움이 되는 목표이어야 한다.

그 목표를 최대한 구체적으로 정확하게 적어보자. 그리고 실현 가능성을 점검해보자.

4-4
출발의 에너지는 오직
하나에 집중할 것

⋮

마음챙김은 지금 일어나는 일을 분별하지 말고 의식하는 것을 말한다. 어떻게 하는지는 앞에서 이미 배웠다. 이제는 마음챙김으로 배운 이런 깨달음과 집중의 능력을 우리의 목표와 계획 달성에 활용해보자.

살다 보면 한 가지 일에만 집중하기가 쉽지 않다. 그 때문에 의식적으로 집중하는 순간을 만들어 목표를 향해 에너지를 모은다면 좀 더 쉽게 목표에 이를 수 있다.

집중 훈련의 시작은 언제나 호흡이다. 여기서도 마찬가지로 일단 자신의 호흡에 집중한다. 창문을 열고 신선한 공기를 폐 깊숙한 곳까지 들이마신다. 숨이 어떻게 오고 가는지, 배와 흉곽이 어떻게 오르내리는지 살핀다. 그것뿐이다. 그렇게 세 번 정도만 깊게 숨을 쉬어도 충분하다. 이제 의식을 목표로 향한다. 왜 이런저런 습관을 버리고 변화를 꾀하자고 마음먹었는지 생각한다. 이렇게 하면 목표로 향하는 집중력이 커진다.

초점을 본질적인 것으로 향한다. 정말로 바꾸고 싶은 것에 집중하는 것이다. 가령 소셜미디어 사용을 줄이자고 결심할 수 있다. 담배를 끊고 식습관을 건강하게 바꾸겠다고, 혹은 불평하지 말고 자신을 사랑하자고 결심할 수도 있다. 진정으로 바라는 바가 무엇인지 쉬지 않고 자신에게 물어보자. 매번 새로운 결심을 하고 평가내리자. 이 과정을 통해 새로운 길을 개척할 기회를 얻게 될 것이다.

핵심은 구조를 짜는 두뇌 운동

자신에게 물어보자. 목표의 에센스가 무엇일까? 무엇이 가장 중요할까? 자꾸자꾸 줄여 최소로 줄여보자. 예전에 커닝 페이퍼를 만들 때와 같은 원리이다. 작은 쪽지에 주저리주저리 늘어놓을 자리란 없다. 그러니 어쩔 수 없다.

- 요점을 파악한다.
- 핵심에 집중한다.
- 구조를 짠다.

물론 당신은 워낙 공부 잘해서 커닝 페이퍼 따위 필요도 없는 훌륭한 학생이었을 테지만, 혹시 재미 삼아 한 번이라도 만들어보았다면 아마 내 말을 바로 이해할 것이다. 커닝 페이퍼 작성은 집중 훈련이다. 자주 만들수록 페이퍼 효율성도 높아진다. 커닝 페이퍼를 만들려면 꼭 적어야 할 내용이 무엇인지, 어떻게 분량을 줄일 수 있고 어떻게 구조를 짜야 할지 계속 고민을 할 수밖에 없기 때문이다.

구조를 짜서 중요한 것에 집중하면 목표 달성에 필요한 에너지를 줄일 수 있다. 구조화의 유용성은 가령 마트에서 장을 볼 때도 느낄 수가 있다. 주말에 일주일 먹을 장을 한꺼번에 보거나 명절에 사야 할 것이 많을 때면 특히 더 그렇다. 내 친구는 꾀가 얼마나 많은지 마트의 매대 배열에 따라 장보기 목록을 작성한다. 과일과 채소를 먼저, 다음으로 유제품, 이어 곡물, 통조림, 음료 순서이다. 그녀가 자주 가는 마트 매대가 이런 순서로 배열되어 있기 때문이다. 정말 꾀가 많지 않은가?

커닝 페이퍼이건 장보기 목록이건, 무엇이 제일 중요한지를 연신 물으며 당신이 뇌에 요구하는 임무는 독자적인 사고를 요구한다. 이것이야말로 집중력 강화에 큰 도움이 되는 백 퍼센트 두뇌 운동인 셈이다.

시간 날 때마다
마음챙김 시도해보기

퇴근 후에도 마음챙김 연습을 할 수 있다. 퇴근 후 당신만의 루틴이 있는가? 가령 텔레비전 앞에서 저녁을 먹으며 긴장을 푸는가? 그렇다면 식사에만 집중해보자. 식사할 때는 식사에만 집중하고 텔레비전은 식사가 끝나면 그때 켠다.

그러니까 내 말은 지금 먹고 있는 음식 맛을 느껴보라는 뜻이다. 온도는 어떤가? 질긴가? 얼마나 많이 씹어야 하는가? 맛은 어떤가? 넘길 때 기분은 어떤가? 딴 데 정신 팔지 않고 오직 식사에만 집중하면 위장도 오감도 기뻐할 것이다.

그 밖에도 오늘 있었던 일 중에서 좋았던 일, 감사한 일을 적어보거나 식구들에게 이야기해보자. 퇴근 후의 생활이 과연 유익한지를 점검해보고 필요하다면 고쳐보자.

계획 하나를 달성한 후에
그다음으로 넘어가라

:
:

바람직하지 않은 습관을 버리자면 깨달음과 시간이 필요하다. 하지만 불가능한 것은 절대 아니다. 앞에서 나는 정말로 바라는 바가 무엇이며, 그것을 못 하게 막는 장애물이 무엇인지를 어떻게 하면 알아낼 수 있는지 그 방법을 설명하였다. 지금쯤 당신은 목표로 가는 길이 목표만큼이나 중요한 이유와 목표를 세우는 방법을 알았을 것이다. 그것으로 주춧돌은 잘 다진 셈이다. 큰 변화를 향해 내디딜 가장 중요한 작은 걸음은 이미 떼었다는 뜻이다.

이제는 해묵은 습관을 버리고 새로운 행동 방식을 자리매김할 시간이다. 여기서도 나는 먼저 한 가지 작은 변화부터 시작하자고 권하고 싶다. 앞에서 이미 많이 배웠으니 당장 싹 다 갈아엎고 싶은 마음이 굴뚝같겠지만 그 충동을 다스려 한 가지부터 시작하자. 한 가지 계획을 달성하고 난 다음, 그다음 계획으로 넘어가자. 출발의 에너지를 딱 한 가지 습관에 집중하라. 당신도 잘 안다. 수많은 작은 걸음이 큰 결과를 불러온다는 사실을 말이다. 의욕에 불타서 한꺼번에 담배도 끊고 술도 끊고 일찍 자고 일찍 일어나며 육식을 일순 끊으려고 하면 한꺼번에 너무 많은 것을 해야 하므로 실패할 확률도 그만큼 커질 테고 당연히 실망하게 될 가능성도 그만큼 클 것이다.

변화를 결심할 때는 보통 특별한 계기가 있다. 다들 기억할 것이다. 운동회가 열리는 커다란 운동장에 '빵' 하고 울리던 출발 총성을! 특정 사건이 그런 총성이 될 수 있다. 살다 보면 어쩔 수 없이 변화를 택해야 하는 상황들이 있다. 이별이나 사고, 사별도 그런 계기겠지만 성공이나 질병 완치, 타인과의 만남, 아이 탄생도 변화의 출발점이 될 수 있다.

때로는 오랫동안 불편하던 마음이 계기로 작용하여 마침내 변화를 실행하게 된다. 어느 순간 갑자기 불끈 의욕이 솟구쳐서 새로운 방향으로 발을 내디디게 되는 것이다. 부엌이 너무 엉망진창이어서 아침마다 깨끗한 그릇을 찾느라고 시간을 허비했는데, 어느 날 부엌을 깨끗이 청소한 후 앞으로는 먹자마자 설거지를 하자고 마음을 먹는다. 이 경우는 어쩔 수 없어서가 아니라 그러고 싶어서 행동을 바꾸는 사례이다.

행동심리학에서는 인간의 행동이 자신뿐 아니라 주변의 영향을 받는다고 주장한다. 그러니까 변화를 원한다면 미리 친구나 가족, 동료에게 당신의 계획을 이야기하는 것도 적지 않은 도움이 될 것이다. 그렇다면 구체적으로 어떻게 할 것인가? 습관을 버리는 방법은 두 가지이다.

1. 바람직하지 않은 습관을 대안 없이 제거한다(Extinction).
2. 묵은 습관을 새로운 습관으로 대체한다.

첫째, 익스팅션Extinction은 말 그대로 '소멸'을 의미한다. 하지만 너무 겁먹지 마라. 당신의 뇌가 백지처럼 깨끗해지는 것은 아니니까 말이다. 익스팅션은 싹 잊어버리는 것이 아니다. 심리학에서는 이 개념을 '억제'나 '약화'의 뜻으로 사용한다. 그를 위해서는 '추가' 학습이 필요하다. 당신 뇌가 특정 자극에 지금처럼 반응하지 않는 법을 배우는 것이다.

다들 '파블로프의 개'를 잘 알 것이다. 먹이를 주기 전 반복적으로 종소리를 들려주면 개가 나중에는 종소리만 들어도 침을 흘린다. 이것을 두고 '전통적 조건화'라고 부른다. 하지만 그 후로 여러 차례 종소리를 울린 후 밥을 주지 않으면 개는 소리를 들어도 점차 침을 흘리지 않게 된다. 조건화된 행동이 억제되는 것이다.

전통적 조건화는 인간에게도 통한다. 미국 심리학자 존 왓슨은 앨버트라는 이름의 아기를 대상으로 쥐를 무서워하게 만드는 실험을 했다.[7] 일단 철봉으로 큰 소리를 내서 아이를 깜짝 놀라게 만든 다음 아이가 놀라 울음을 터트리면 그때 아이에게 흰 쥐를 보여주었다. 그런 식의 조건화가 반복되자 앨버트는 소리가 안 들려도 흰 쥐만 보면 놀라서 울음을 터트렸다.

하지만 정말로 새로운 행동은 전통적 조건화를 통해서는 전달되지 않는다. 자극을 통해 유발되는 것은 자연스러운 행동뿐이다. 개가 재주를 배우려면 '조작적 조건화'가 필요하다.

이 말은 미국 심리학자 버러스 프레더릭 스키너가 처음으로 사용하였다. 스키너는 막대기가 달린 상자에 비둘기나 쥐를 집어넣었다.[8] 비둘기나 쥐가 우연히 막대기를 누르면 먹이가 나왔다. 얼마간의 시간이 흐르자 동물은 막대기를 누르면 먹이가 나온다는 사실을 학습하여 의도적으로 막대기를 눌렀다. 즉 특정 행동을 해서 그에 대한 보상을 받았다. 그러니까 행동이 먼저였고, 자극은 보상 형태로 그 뒤를 따랐다.

따라서 바람직하지 못한 습관을 대안 없이 없애고 싶다면 뇌에 학습된 특정 과정을 억제하도록 요구해야 한다. 그러자면 의지력과 자제력이 필요하다. 당신의 반응은 '스누즈 모드

Snooze mode'로 설정되어 있으므로 여전히 두뇌 저 깊은 곳에서는 과거의 그 반응이 잠을 자고 있다.

물론 당신은 의지력을 총동원하여 배가 고파도 꾹 참고 밤에 과자를 먹지 않을 수 있다. 매일 밤 과자를 상기시키는 자극(텔레비전 앞에 죽치고 앉아 있는다)이 있어도 반응(과자 먹기)은 나타나지 않는다. 당신이 자극에 반응하지 않기로 마음먹었기 때문이다. 하지만 이런 방법은 단점이 있다. 안타깝게도 오래가지 못한다. 언젠가는 자제력의 저금통이 바닥을 보일 것이고 의욕도 멀리 떠나버릴 테니까 말이다.

공포와 관련된 행동 패턴은 더 버리기가 힘이 든다. 몇 년전 한 여성이 일곱 살 먹은 아들을 상담실에 데려왔다. 아이가 옷장에 귀신이 있다고 생각해서 밤에 절대로 자기 방에서 자려고 하지 않는다는 것이었다. 귀신은 지난 몇 년 동안 아이의 머릿속에서 점점 더 커지고 잔혹해지고 무서워졌다. 아이는 해가 지고 어둠이 찾아오기만 해도 벌벌 떨었다. 자기 방에는 절대 안 가려고 했다. 엄마가 억지로 아이를 방에 데려가면 큰소리로 비명을 질렀다. 엄마는 어쩔 수 없이 아이를 데리고 잤고, 그런 식으로 의도치 않게 아이의 기피 행동을 부추겼다. 나는 엄마와 아들에게 자꾸 옷장을 열어서 '귀신'하고 이야기도 나누어보고 그 앞에 서서 참고 견뎌보라고 권했다. 실제로 시간이 흐르면서 아이의 공포는 조금씩 줄었다. 옷장 안에 귀신이 안 산다는 새로운 경험을 할 수 있었기 때문이다. 마침내는 옷장을 활짝 열어두고서도 잠을 잘 수 있게 되었다.

우리 모두의 옷장엔 귀신이 살고 있다. 두려움에 휘둘리지 않으려면 두려움과 마주하여 당신이 먼저 그것을 휘둘러야 한다. 두려운 상황이 있다면 의식적으로 그 상황으로 들어가 보자. 처음엔 강하던 반응도 반복되면 조금씩 약해질 것이다. 가령 고소공포증이 있다면 조금씩 안전지대에서 벗어나 보자. 처음부터 에펠탑을 오를 필요는 없다. 1미터 높이에서부터 시작해보자. 자신의 감정을 똑바로 바라보며 새로운 경험을 허락해보자. 시간이 가면 두려움도 잦아들 것이다. 물론 당신이 도중에 멈추지 않는다면 말이다. 한참 동안 높은 곳에 가지 않다가 오랜만에 높은 곳에 오르면 다시 두려움이 엄습할 것이다. 그러니 멈추지 말고 주기적으로 도전해야 한다.

습관은 두뇌 훈련이다

둘째는 묵은 습관을 새로운 습관으로 바꾸는 방법이다. 기존 습관의 자리에 새로운 습관을 데려다 앉히면서 과거의 습관에 작별을 고하는 것이다. 이 방법은 '덮어쓸' 수 있기에 무

조건 못 하게 하는 첫 번째 방법보다 훨씬 수월하다는 장점이 있다. 두뇌 훈련과 다르지 않으니까 말이다.

새로운 습관을 확립하는 것이 과거의 습관을 버리기보다 쉽다. 가령 저녁에 텔레비전을 보면서 평소 먹던 초콜릿 대신 사과를 먹는다. 그럼 아예 아무것도 안 먹는 것보다는 견디기가 훨씬 수월해진다. 각자의 기호와 능력에 맞추어 창의력을 무한 발휘하여 대안을 찾아보자. 초콜릿을 먹지 않고 요가를 하는 것도 기분 전환에는 아주 좋다. 아예 밖으로 나가 잠깐 산책을 하는 것도 좋은 방법이다. 환경을 바꾸는 것이 습관 변화에 매우 유익하기 때문이다.

앞에서도 말했듯 집에 있을 때보다 휴가를 갔을 때 나쁜 습관을 버리기가 더 쉽다고 한다. 새로운 환경이 습관 변화에 도움이 된다는 사실은 미국 심리학자 웬디 우드 실험으로도 밝혀진 사실이다. 실험 결과를 보면 대학생들이 대학을 옮기자 미디어 소비 습관이 달라졌다고 한다.[9]

장소 변화가 습관 변화를 돕는 이유는 아마도 익숙한 환경에서는 거의 자동으로 하던 일도 환경이 바뀌면 다시 한 번 생각을 하게 되기 때문일 것이다. 그러자면 힘은 들겠지만 새로운 루틴을 개발할 기회가 될 수도 있다.

'조건부 원칙', 즉 자기규제 전략 역시 새로운 행동을 습관으로 만드는 데 도움이 된다. 이 전략은 심리학자 피터 M. 골비처가 처음 사용한 개념 '실행 의도implementation intentions'에 바탕을 두고 있다. 실행 의도란 의도와 실제 행동 사이의 긴장 지대를 일컫는다. 골비처는 두 가지 형태의 의도를 구분한다. 첫째는 '목표 의도goal intention'이다. 예컨대 이런 의도일 것이다. "난 지금보다 더 건강하게 살고 싶어." 하지만 목표 의도에서 곧바로 행동이 나오지는 않는다. 행동이 나오려면 정확한 의도, '현실화 의도', 즉 실행 의도가 있어야 한다. 다시 말해 목표를 달성하려는 의지만이 아니라 어떤 것을 구체적으로 실행하겠다는 의지도 필요하다.

그러니까 실행 의도는 정확한 '언제, 어디, 어떻게'이다. 다음번에 마트에 갈 때는 과자 매대 쪽으로는 가지 말고 과일과 채소 매대를 싹 쓸어오자, 이런 식일 것이다.

사회심리학자 아이섹 에이젠은 여기서 한 걸음 더 나아간다. 그가 주장한 '계획 행동 이론'은 사회 규범과 자세까지 고려한다. 에이젠의 이론대로라면 당신의 의도와 행동 목표는 아래의 세 가지 요소에 좌우된다.

1. 계획한 행동을 바라보는 당신의 마음가짐

("난 분명 해낼 거야."/ "난 못해")

2. 사회 규범 ("엄마는 내가 해내리라 생각해.")

3. 계획 실행의 난이도에 대한 기대 ("힘들 거라는 거 나도 잘 알아. 하지만 난 할 수 있어. 우리 엄마도 같은 생각이야.")[10]

심리학자들은 골머리를 앓아가며 온갖 이론을 개발한다. 하지만 누구 말도 진리는 아니다. 단 한 가지의 올바른 길은 없다. 어떤 방법도 사람에 따라, 습관에 따라 장단점이 다 있다. 그러니 자신에게 가장 잘 맞는 방법을 찾아야 할 것이다. 물론 심리학 기초와 이론들을 잘 알면 아무래도 행동을 이해하고 개선하는 데도 큰 도움이 될 것이다. 일단 첫걸음을 내딛는 것이 가장 중요하다.

적극적으로
안전지대 벗어나기

이번 주에는 의도적으로 안전지대를 떠나보자.

일주일에 한 번 낯선 사람에게 말을 걸어보고, 일주일에 한 번 지금껏 가본 적 없는 곳을 찾아가고, 일주일에 한 번 처음 마시는 음료를 마셔보고 그 맛을 느끼고 음미해보자. 지금 당장 일정표를 들고 계획을 잡아보자.

이번 주 당신은 어떤 도전을 해보았는가?

노트에 적어보자.

도전의 점수를 매겨보자.

긍정적이었다면 +

부정적이었다면 -

그저 그랬다면 0

습관으로 만들어 되풀이하고 싶은 행동이 있었는가? 가령 아침마다 3분 동안 명상한다, 3분 동안 온몸을 스트레칭을 한다, 하루를 힘차게 시작할 수 있게 자신에게 응원의 말을 건넨다, 등 이번에는 첫 시도를 반복해보는 도전을 해보자.

최초 2분 최소 21일,
멈추지만 마라

또 한 걸음

5-1

변화는 후퇴 없는
직진이 아니다

⋮

축하한다! 당신은 이미 습관을 바꿀 두 걸음을 무사히 걸었다. 그사이 당신은 자기 행동 원인을 분석하였고 정말로 당신이 원하는 것이 무엇인지를 깨달았다. 이제는 힘겹게 배운 새로운 행동 방식을 자리매김해야 할 시간이다.

이 장에서는 반복의 힘을 어떻게 유용하게 써먹을 수 있을지 설명할 것이다. 습관과 행동 방식은 뇌에 깊이 닻을 내린다. 반복을 통해 신경 조직에 뿌리를 내리는 것이다. 아이들도 반복의 힘을 기가 막히게 활용하고 우리가 즐겨 듣는 유행가도 마찬가지이다. 그 과정에서 신경세포, 전자신호, 시냅스가 어떤 역할을 하는지도 설명하려 한다.

습관은 뇌를 효율적으로 만든다. 한 번 뿌리 내린 습관은 에너지와 노력을 절감시킨다. 그 대가로 뇌는 당신에게 애정과 보상을 선사한다. 뇌는 효율성이라면 사족을 못 쓰니까 말이다. 새로운 행동이 자리를 잡으려면 한 번의 생산성으로는 부족하다. 매일의 루틴이 필요하다. 당연히 우리 목표도 새로운 행동 방식을 일상의 루틴으로 만드는 것이다.

하지만 그 길로 가다 보면 게으름을 만나게 될 것이다. 아무리 연습하고 반복해도 말짱 도루묵이 되거나 딴전을 피우게 될 것이다. 하지만 그 말짱 도루묵이 오히려 배움의 계기가 될 수 있다. 변화는 하루아침에 일어나는 것이 아니며 후퇴 없는 직진이 아니기 때문이다. 그 후퇴가 오히려 계속 발전할 가능성을 선사할지도 모를 일이다.

물론 그렇다고 해도 게으름이 위태할 지경이 될 경우를 대비해서 이 장에서는 몇 가지 조언을 할 참이다. 어쩌면 이 장이 끝날 때쯤 게으름이 무엇인지 홀딱 까먹어버릴지도 모른다. 또 계속 읽다 보면 덤으로 토마토와 금붕어가 마음챙김과 무슨 상관이 있는지도 알게 될 것이다.

집중하려면 어떻게 해야 하고 그것이 왜 좋은지는 앞에서 이미 설명했다. 하지만 집중 순간이 지금 한 번으로 끝나서는 아무 효과가 없다. 집중 순간을 일상으로 만들어야 목표를 깨달을 수 있을 것이고, 계속해서 그 목표를 추구하여 앞으로 나아갈 수 있을 것이다.

반복의 달인이 길을 만든다

주변에 아이들이 있다면 한번 잘 관찰해보라. 아이들은 반복의 달인이다. 좋아하는 노래가 생기면 백 번이고 천 번이고 그 노래만 (시끄럽게) 불러댄다. 좋아하는 놀이가 생겨도 마찬가지여서 도무지 지칠 줄 모르고 무한 반복한다. 퍼즐을 다 맞추면 바로 와르르 쏟아 다시 처음부터 맞추기 시작하고, 애써 완성한 레고 탑도 미련 없이 허물고 다시 시작한다. 물론 재미가 있어서 그러는 것이겠지만 아이들은 반복을 통해 학습하기 때문이다. 아이 두뇌는 엄청난 양의 새 지식과 능력을 받아들여야 한다. 그것도 매일매일 그래야 한다. 새로 학습한 지식은 반복을 통해 신경 조직에 고정해야 한다.

어른이라고 다를 것이 없다. 새로운 습관은 최대한 자주 반복해서 뇌에 닻을 내려야 한다. 이때는 상상력이 지원사격을 할 수 있다. 상상과 시각화가 진짜 경험과 똑같이 작용하기 때문이다. 우리 무의식은 생각과 현실을 구분하지 못한다.

반복의 중요성은 산길을 떠올려봐도 충분히 알 수 있다. 처음 새로운 습관이 생기면 해당 두뇌세포 사이에 작은 샛길이 하나 만들어진다. 자주 사용하지 않으면 금세 풀에 덮여 자취를 감추지만 이런 작은 샛길도 자주 사용하다 보면 점점 단단해져서 풀이 자라지 못하는 진짜 길이 된다. 뇌에 저장한 정보도 마찬가지여서 자주자주 불러내야 길이 된다. 작은 길이 넓어져 국도가 되고 마침내 온갖 정보가 오가는 고속도로가 된다. 정보는 그렇게 되어야만 오래오래 저장된다. 반복은 시냅스의 힘을 키운다. 시냅스 여러 개가 신경세포를 연결하면 그 옆으로 다시 접속이 형성되고, 이렇게 접속이 자꾸자꾸 늘어나면서 그 내용이 기억에 저장되는 것이다.

반복의 힘은 말에서도 확인된다. 로마 정치가 카토는 반복의 힘을 효과적으로 이용할 줄 알았던 대표적인 인물이다. 그는 로마 원로원에서 연설을 할 때마다 항상 같은 말로 끝을 맺었다. "카르타고는 반드시 무너뜨려야 한다고 생각합니다." 연설의 주제가 무엇이건 상관없었다. 그는 항상 같은 말로 카르타고 정복의 필요성을 역설했다. 결국 기원전 150년 원로원은 카르타고 정복에 동의하였다.

굳이 그렇게까지 먼 과거로 돌아갈 필요도 없다. 반복이 얼마나 효과적인 수단인지는 우리가 자주 듣는 음악만 보아도 금방 알 수 있다. 특히 팝송은 반복 단락으로 이루어진 경우가 대부분이다. 반복은 방향을 제시하고 듣는 사람의 마음을 편하게 만든다. 아마 다들 경험이 있을 것이다. 어떤 노래를 처음 들을 때는 크게 마음에 들지 않았는데 라디오에서 자꾸 나오면 자신도 모르게 따라 흥얼거리게 된다. 미국 심리학자 로버트 자욘스는 1968년에 이런 현상을 실험으로 입증한 후[11] '단순 노출 효과Mere Exposure Effect'라는 이름을 붙여주었다. '단순 노출 효과'란 단순히 노출되는 횟수가 많아질수록 그 대상에 대한 호감도도 따라 증가하는 현상을 말이다. 처음에는 긍정적으로 평가하지 않았던 것도 되풀이해서 접촉하면 긍정적으로 평가하게 될 수 있다.

반복이 얼마나 효과적인 도구인지를 깨달아 반복을 통해 묵은 습관을 새로운 습관으로 대체하고 이것을 일상에 확고히 자리매김했다면 당신은 이미 올바른 방향으로 또 한 걸음을 내디딘 셈이다. 새 습관도 반복을 통해서만 뿌리를 내릴 수 있다. 에너지와 노력을 들이지 않아도 될 정도까지 꾸준히 연습한다면 결국 그 습관도 루틴이 된다. 그럼 행동에 낙인처럼 찍혀 떨어지지 않을 것이다. 그럴 때 뇌에서 무슨 일이 일어나는지는 다음 장에서 알아보기로 하자.

건강하지 않은
습관 끊어보기

잠시 금식 시간을 갖도록 하자. 금식이라고 해서 너무 걱정할 필요는 없다. 밥을 굶으라는 소리가 아니라 잠시 당신 습관을 관찰하여 건강하지 않은 습관을 끊어보자는 말이니까.

엘리베이터나 에스컬레이터도 끊어보자. 왜? 그럼 더 걸을 것이고 걸으면 몸에 좋으니까. 대신 계단을 오르며 숨을 크게 쉬어보고 몸의 움직임을 느껴보자. 그것을 습관으로 만들어보자.

다음 도전도 해보자.

• 나흘 동안 부정적인 말을 끊는다.

• 이틀 동안 단것을 끊는다.

• 일주일 동안 소셜미디어를 끊는다.

• 나흘 동안 불평하지 않는다.

• 나흘 동안 걱정하지 않는다.

뇌는 어떻게
게으름을 이겨내는가?

⋮

성공은 매일의 습관이 낳은 결과물이다. 한 번 노력한다고 바로 성공할 수 있는 것이 아니다. 계속 반복하여 새로운 습관을 굳혀야 한다. 왜? 뇌가 그렇게 학습하기 때문이다. 뇌가 공부를 좋아하기 때문이다.

뇌가 공부를 시작하면 곧바로 신경세포가 전기 신호를 송출한다. 신경세포 말단에는 뇌의 스위치라 할 시냅스가 자리하고 있다. 이 신경망은 반복할 때마다 강화된다. 단순하게 표현하면, 뇌는 어떤 결합이 자주 사용되는지를 파악하여 그것에 반응하므로 기존 결합은 강화되고 새로운 결합은 추가되며 사용하지 않는 결합은 다시 사라진다. 평생토록 쭈욱!

이 사실을 우리 행동에 적용해보면 새로운 행동을 꾸준하게 반복하면 언젠가부터 편안한 습관이 된다는 뜻이다. 이 원칙은 행동뿐 아니라, 생각과 기분에도 적용된다. 말을 배울 때도 마찬가지이다.

과거 습관으로 되돌아가는 사태를 막을 수 있는 또 하나의 방법은 저항이 가장 적은 길을 택하는 것이다. 노력이 적을수록, 새로운 습관에 들이는 에너지가 적을수록 습관이 더 수월하게 자리 잡을 수 있다.

그러니까 지금 당장 사전 한 권을 다 외우겠다고 덤벼서는 안 된다. 하루에 책 한 권을 다 외우겠다는 계획보다는 단어 열 개를 외우겠다는 계획이 훨씬 더 성공 가능성이 크다. 물론 중간에 그만두지 않고 꾸준히 계속해야 한다.

전통적인 학습 과정은 이렇게 작동한다. 촉발제가 되는 자극, 행동과 보상의 상호작용을 통해 학습이 이루어진다. 따라서 의지만으로는 행동을 바꿀 수 없다. 의지를 실어 나를 신경 길이 만들어지지 않으면 의지는 금방 한계에 부딪힌다. 실제로 신경학, 심리학, 행동경제학 등 각 분야의 전문가들은 입을 모아 한목소리로 말한다. 우리의 일상 행동 중 30~50퍼센트는 자동으로, 그러니까 '의지와 상관없이' 일어난다고 말이다. 정말로 실용적이지 않은가! 빵에 잼을 어떻게 바를지, 전화를 어떻게 걸지 매일매일 고민을 해야 한다면 어떻게 살겠는가? 그런 일상 행동들은 자동으로 일어난다.

걷기도 마찬가지이다. 걸음마를 배우는 아기를 지켜보면 넘어지지 않고 잘 걸을 수 있게 되기까지 얼마나 많이 반복하고 또 반복해야 하는지를 여실히 알 수 있다. 복잡한 행동일수록 더 자주 반복해야 자동으로 실행할 수 있다. 우리 뇌는 이런 자동장치를 좋아한다. 에너지를 절약해서 다른 일을 할 수 있기 때문이다. 덕분에 우리는 산책을 하면서 지구온난화를 걱정할 수 있고 오늘 저녁에 뭘 먹을지 메뉴를 고민할 수도 있다.

잡지 《배니티 페어 Vanity Fair》에 실린 〈오바마의 길〉이라는 제목의 기사에서 전 미국 대통령 버락 오바마는 재임 동안 회색 아니면 파란색 양복을 주로 입었다는 내용을 읽은 적이 있다.[12] 오바마는 뭘 입을지 고민을 줄이려는 방법이었다고 설명하였다. 미국 대통령에겐 무슨 옷을 입을지보다 훨씬 더 중요한 결정 사안들이 넘쳐났을 것이다. 실제로 그런 식의 꾀는 우리 뇌의 부담을 크게 덜어준다. 독일 브레멘 대학 두뇌학자 게르하르트 로트의 표현대로 습관은 "생물학적으로도, 신경학적으로도 비용이 싸다."[13] 한 번 자리 잡은 습관은 에너지와 노력을 많이 절약해준다는 뜻이다. 뇌는 그런 방법으로 효율성을 유지한다.

루틴은 대뇌피질 아래쪽에 있는 대뇌기저핵에 저장된다. 거기 저장된 정보는 도서관에 보관된 정보처럼 언제라도 불러낼 수 있다. 이 과정 역시 자극 반응 패턴에 따라 작동한다. 습관은 항상 자극으로 시작된다. 가령 당신이 칫솔을 집어 들면 뇌는 이런 자극에 해당하는 루틴이 저장되어 있는지 점검한다. 그래서 루틴을 발견하면 저장된 그 행동 방식을 실행한다. 칫솔질을 마치면 보상 시스템이 활성화된다. 뇌가 체내 아편인 행복 호르몬을 방출하고, 덕분에 우리는 잘 아는 일을 하고 나면 기분이 좋아진다. 습관대로 행동하면 뇌가 보상을 해준다.

두뇌는 모든 노력을 저장한다

편한 만큼 문제도 있다. 행동이 자동화되면 그 행동을 멈추겠다는 의지만으로는 변화를 일으킬 수가 없다. 두뇌 저 깊은 곳에 저장된 낡은 습관은 우리가 인지할 수 없다. 우리 뇌는 컴퓨터처럼 좋은 습관과 나쁜 습관을 구분하지 않는다.

뇌의 자동장치와 함께 목표 달성을 방해하는 것이 하나 더 있다. 바로 게으름이다. 이놈의 게으름이 당신만의 문제는 아닌 것이, 이미 고대 시인과 철학자들도 불타는 의지를 꺾어버리는 게으름을 수없이 한탄했다.

자리를 박차고 일어나거나 꾹 참고 견디기가 힘든 이유는 목표로 가는 길이 직선이 아니기 때문이다. 길 곳곳에는 실망의 계곡이 숨어 있다. 하지만 아무리 뒷걸음질을 치더라도 너무 실망하지 마라. 당신 노력은 결코 헛수고가 아니다. 우리 두뇌는 모든 노력을 저장한다. 결국 그 모든 노력과 반복이 모여 당신을 목표로 이끈다. 인간은 경험의 총합이라는 말이 괜히 나온 것이 아니다.

가스레인지에 물이 담긴 냄비를 올려놓았다고 상상해보자. 불을 켜자마자 물이 끓지는 않는다. 물의 온도는 차근차근 올라간다. 97도가 되어도 끓지 않고 98도, 99도가 되어도 끓지 않는다. 정상적인 기압이라면 100도가 되어야 물이 끓기 시작한다. 그렇다고 그 앞의 모든 온도가 헛것은 절대 아니다.

잔디를 키워본 사람이라면 작은 걸음과 작은 반복이 얼마나 중요한지를 누구보다 잘 알 것이다. 잔디 씨앗을 뿌린 후에는 매일 물을 주어야 한다. 그래도 며칠, 심지어 몇 주 동안 아무런 변화가 없다. 하지만 거기서 실망하고 물주기를 멈추면 안 된다. 어느 날 갑자기 하룻밤 사이에 초록빛이 땅을 휘감는다. 정원 주인은 그 어린줄기를 정성으로 보살핀다. 그런데 휴가철이 되어 온 식구가 휴가를 가는 바람에 한동안 물을 주지 못한다. 하필이면 그 기간 내내 비도 오지 않는다. 돌아와 보니 잔디는 말라비틀어졌다. 그래도 걱정할 필요 없다. 뿌리는 여전히 튼튼하기에 다시 물 호스를 집어다가 물을 흠뻑 주기만 하면 잔디는 언제 말랐나 싶게 싱싱하게 되살아난다. 앞선 수고와 고생이 결코 헛된 것이 아니었다. 그러니 잠시 뒷걸음질을 쳤다고 해서 그 모든 지난 연습과 반복이 헛되다는 생각은 잘못이다.

뒷걸음질을 '실패는 기회'라는 관점에서 바라보자. 위기를 이기고 나면 더 굳건해질 것이다. 위기를 이겨내고 더 한 걸음 앞으로 나아갈 수 있는 전략은 자신의 삶과 자신에게 중요한 것들을 새롭게 평가해보는 것이다. 때로는 뒷걸음질을 통해 작은 것의 가치를 알게 될 수도 있다. 삶의 위기를 겪어내면서 세상을 보는 눈이 달라지기 때문이다.

집중의 기술,
2분 규칙을 활용하라

⋮

게으름을 이겨냈다고 해도 목표 달성을 막는 장애물은 또 있다. "인간이 집중하는 시간은 금붕어보다 짧다." 2015년 마이크로소프트 지원을 받아 실시한 한 실험은 이런 충격적인 결과를 내놓았다.[14] 금붕어가 한 가지에 집중할 수 있는 시간이 9초인데, 현대인의 집중 시간은 금붕어보다도 적은 8초에 불과하다고 말이다.

이 결과는 112명의 실험 대상자가 다양한 업무를 처리하는 동안의 두뇌 활동을 측정한 수치이다. 수많은 매체가 앞다투어 실험 결과를 보도하였다. 2000년만 해도 인간의 평균 집중시간이 12초였다고 한다. 대체 그사이 무슨 일이 있었던 걸까? 스마트폰 탓일까? 인간이 퇴화하고 있는 것일까? 어쨌거나 그 후로 사람들 입에 "금붕어 세대"라는 말이 오르내렸다.

하지만 2015년에 실시한 이 실험 결과는 이론의 여지가 많다. 제시한 자료는 미심쩍거나 근거가 박약하다. 금붕어가 혹은 일반적으로 물고기가 다른 동물에 비해 특별히 집중 시간이 짧다는 증거는 없다. 또 인간의 집중 시간은 지금 그 사람이 무엇에 집중하느냐에 따라 달라진다. 무지무지하게 재미있는 일을 하고 있을 때는 따분해서 죽을 것 같은 일을 하고 있을 때보다 당연히 집중이 잘 된다. 인간의 평균 집중 시간이 줄어들었다는 사실도 과학적으로 입증되지 않았다.

그런데도 우리 모두에겐 목표나 과제에 집중하기가 무척 힘들 때가 있다. 어째서 그럴까? 우리의 집중력은 어떻게 작동하는 것일까?

집중력도 습관이다

인간의 집중력은 125~250밀리초에 한 번씩 고도의 집중 상태에서 집중하지 않는 상태로 바뀌었다가 다시 고도의 집중 상태로 돌아온다. 이는 프린스턴 대학교 학자들이 밝혀낸 사실이다.[15] 놀라운 점은 이렇게 왔다 갔다 하는 집중 리듬이 우리 두뇌에겐 지극히 평범한 일이라는 사실이다.

실험 참가자들이 컴퓨터 화면을 보고 있으면 검은빛이 등장한다. 학자들이 그 빛을 바라보는 실험 참가자들 집중력을 테스트해보니 빛이 등장한 후 약 500밀리초가 되었을 때 집중력이 최고조에 이른다. 즉 그 시점에 외부 자극에 가장 잘 집중할 수 있는 것이다. 하지만 그로부터 130밀리초만 지나도 집중력은 10퍼센트 정도 떨어진다.

그 말은 집중 리듬이 의지 문제가 아니라는 뜻이다. 이 실험 결과는 집중력이 습관처럼 자동으로 진행되는 과정이라는 사실을 입증한다. 즉 우리가 특정한 것, 가령 모니터나 스마트폰에게로 관심을 돌려 집중을 할 수는 있지만, 그 이후 뇌에서 일어나는 과정은 무의식적으로 진행된다는 뜻이다.

의외의 결과여서 미심쩍은 마음이 들 수도 있겠다. 영화를 보거나 책을 읽을 때는 누구나 몇 시간씩 집중할 수 있으니 말이다. 하지만 위의 실험이 연구한 집중 리듬은 일반적인 집중 시간과는 다르다. 우리가 일반적으로 집중 시간이라 부르는 것은 장기간의 집중을 말한다. 따라서 집중 리듬이 자동으로 바뀌는 동안에도 우리는 몇 시간씩 책을 읽을 수가 있는 것이다.

이렇게 계속해서 오가는 집중력은 두뇌의 전략이다. 집중력이 최고조에 달할 때는 쉽게 딴 데로 눈을 돌릴 수가 없다. 또이 짧은 집중의 순간에는 감각이 예리해진다. 소리나 냄새를 특별히 잘 인식할 수 있고 눈은 정확히 한 지점에 초점을 맞춘다. 하지만 그건 채 1초도 안 되는 짧은 시간이다. 이렇게 순식간에 오가는 집중 리듬은 장점이 많다. 아마 우리 조상들에겐 꼭 필요한 능력이었을 것이다. 덕분에 우리 조상들은 사냥감이나 나무 열매에 집중하면서도 주변에서 자신을 노리는 위험을 조기에 인지할 수 있었다. 그러니 쉼 없이 오가는 집중 리듬은 진화를 거치며 인간에게 지금껏 유지되어온 오랜 메커니즘이다.

딴짓이 습관을 방해한다

한편 집중력은 정보를 의식적으로 받아들여 처리하기 위해서도 매우 중요한 능력이다. 딴 것에 정신이 팔려 집중력이 떨어지면 일을 처리하는 데 시간과 에너지가 많이 든다. 특히 의식적 사고를 요구하는 업무일 때는 도중에 멈추었다가 다시 똑같은 생산성으로 돌아오기까지 약 10분이 걸린다. 다들 경험으로 알 것이다. 메일과 전화와 소셜미디어와 유튜브 영상 탓에 도통 일이 진척이 안 되는 날들이 누구에게나 있었을 테니 말이다.

영국 심리학자 글렌 윌슨은 이메일 같은 정보의 물결이 수

신자 업무 능력에 큰 영향을 줄 수 있음을 입증하였다. 그의 실험 결과를 보면 과학기술 매체는 인간의 평균 지능을 10점 떨어뜨린다고 한다.[16] 캘리포니아 대학교의 글로리아 마크 교수는 거기서 한 걸음 더 나아가 사무직원이 업무를 중단한 후 다시 원래 업무로 복귀하기까지 평균 25분 정도 걸리고, 최소 두 가지 다른 일을 한다는 연구 결과를 발표하였다.[17] 그러니까 딴짓을 하다가 다시 원래 업무로 집중할 수 있으려면 시간과 에너지가 아주 많이 필요한 것이다. 그런 딴짓이 단기 기억 및 작업기억에 부담을 주기 때문이다. 단기기억은 컴퓨터의 주기억장치RAM와 비슷하게 작업한다. 정보를 매우 빨리 처리할 수 있지만 장기적으로 저장하지는 않는다.

우리는 전화번호를 달달 외워서 스마트폰에 입력을 했다고 해도 입력한 후에는 곧바로 잊어버린다. 그런 경우에는 뇌가 장기기억과 연결망을 형성하지 않기 때문이다. 그런 메커니즘은 책을 읽을 때나 암산을 할 때도 필요하다. 전체 문장이나 최종 계산 결과가 나올 때까지 우리 두뇌는 문장 첫머리나 중간 계산 결과를 잠시 저장해둔다. 이처럼 정보를 잠시 저장해두는 두뇌의 단기기억 능력 덕분에 인간은 정보를 처리하고 세상을 이해할 수 있다. 하지만 이런 단기 작업기억은 에너지를 많이 쓴다. 안 그래도 에너지가 많이 들어 끙끙대는 판에 딴짓까지 하고 딴 데 정신까지 팔면 어떻게 되겠는가? 당연히 생각이 풀리지 않을 것이다.

그런데 이런 사실이 마뜩잖은 습관을 버리겠다는 우리의 결심하고 대체 무슨 상관이 있는 것인가? 결론은 이것이다. 꿋꿋하게 목표를 추진하기 위해서는 딴짓하지 말아야 한다는 것. 딴짓을 자꾸 하면 목표에 도달하기가 힘들다.

어떻게 하면 될까? 딴짓하지 않는 비법 몇 가지를 다음에 소개한다.

딴청 피우는 버릇
차단하기

멀티태스킹을 피하라

두뇌는 여러 가지 일을 동시에 할 수 있지만 그건 자동화한 과정일 경우에 한정된다. 아침에 이를 닦으면서 뭘 입을지 고민할 수는 있다. 운전하면서 라디오를 들을 수는 있다. 하지만 너무 복잡한 일 두 가지를 동시에 할 수는 없다. 그래서 전화를 하면서 긴 글을 읽을 수는 없는 것이다. 무슨 일이든 한 가지 일에 집중하는 버릇을 들이자.

스마트폰을 항상 곁에 둘 필요는 없다

딩동! 문자가 왔다는 신호, 업데이트가 되었다는 신호에 바로 반응하지 마라. 알람 기능을 끄고 정해진 시간에 한꺼번에 문자나 메일을 확인하는 습관을 기르자. 자꾸 눈이 스마트폰 쪽으로 가면 비행모드를 설정하거나 꺼내기 힘든 곳에 집어넣어 두자.

인터넷 사이트를 차단하라

인터넷 사이트를 정해진 시간 동안 차단할 수 있는 플러그인이 많다. 계속해서 페이스북, 트위터, 인스타그램, 핀터레스트를 흘깃대는 습관을 버리고 싶다면 이 방법이 매우 유익하다. 그래도 접속을 했다면 그 사이트에서 정확히 무엇을 하려고 했는지를 기억하자. 그 일이 끝나면 바로 사이트를 나온다.

미루지 마라

미루는 버릇은 목표에 독이 된다. 잠깐 몸은 편하겠지만 해야 할 일을 미루고 있는데 마음이 편할 리 없다. 자신에게 물어보라. 왜 지금 당장 못하는데? 당신의 핑계가 과연 적당한지 따져보자. 너무 심하게 미룰 때는 정신장애 증상일 수도 있다.

해야 할 일 목록을 작성하라

저녁에 내일 처리하고 싶은 작은 일 세 가지를 적어보자. 제일 중요한 것을 맨 위에 적는다. 자는 동안 당신의 무의식이 미리 준비할 수 있다. 다음 날이 되면 고민 말고 바로 그 일을 처리한다.

2분 규칙을 시험해보라

작지만 중요한 일은 절대 미루지 않는다. 2분 안에 할 수 있는 일은 지금 당장 처리한다. 이 2분 규칙은《쏟아지는 일 완벽하게 해내는 법 Getting Things Done》의 저자인 미국 자기 관리 전문가 데이비드 앨런이 알려준 비법이다.

포모도로 기술을 활용해보라

포모도로 기술이라는 시간 관리 방법은 1980년대 개발되었고 토마토처럼 생긴 부엌용 알람에서 이름을 따왔다. 부엌용 알람이건 스마트폰 알람이건 타이머를 25분에 맞춘다. 이 시간 동안에는 온전히 한 가지 일에 집중하고 25분이 지나면 잠시 쉰다. 네 번 반복한 후에는 조금 길게(15~20분) 쉬어야 한다. 이 훈련을 계속하면 25분 이상 집중력을 유지할 수 있다. 이 방법에 어느 정도 습관이 들었다면 한 걸음 더 나아가보자. 딴짓하거나 딴생각이 들 때마다 즉시 다시 타이머를 25분에 맞추는 것이다.

딴짓을 의식적으로 깨달으라

목표나 업무에서 벗어났다는 느낌이 들면 그 사실을 자각하라. 가령 이유 없이 핸드폰을 보지 않겠다고 결심했는데 어느 순간 또 핸드폰을 들여다보고 있는 자신을 발견했다면 바로 행동을 멈춘다. "이건 내가 할 일이 아니야. 이건 내가 하고 싶은 일이 아니야." 이 말을 반복하는 것도 도움이 된다. 언제 무엇에 정신이 팔리는지 파악하는 것도 필요하다. 뇌는 시급하지 않은 소소한 딴짓에는 눈을 질끈 감아버린다. 그러니 우리가 정신을 바짝 차려야 한다.

자극이 적은 환경을 조성하라

목표를 수월하게 달성할 수 있는 환경을 조성하라. 가령 다이어트 중이라면 친구와 맛집에서 만나서는 안 될 것이다. 대형 프로젝트를 맡아서 집중해야 한다면 아무도 당신을 방해하지 않아야 할 것이다. 한 가지 방법! 헤드셋을 쓰고 있으면 소리가 잘 안 들려 집중이 잘 된다. 또 주변 사람들 역시 방해하지 않을 것이다.

아마 이런 방법들이 업무 처리에 큰 도움이 될 것이다. 하지만 굳은 의지로 집중을 외치지 않아도 딴짓을 안 할 수 있다. 하는 일에 즐거움을 느끼고 온전히 그 일에 빠져들면 된다. 그것을 두고 심리학에서는 '플로우Flow'라고 한다.

작은 성공을 몇 번 경험한 후 습관 변화에 재미를 붙인다면 아마 당신도 그렇게 푹 빠지는 재미를 느껴볼 수 있을 것이다.

반복의 힘,
최소 21일만 멈춤 없이

⋮

"언제 다 와요?" 아마 당신도 어릴 적에는 자동차 뒷좌석에 앉아서 연신 엄마 아빠에게 물었을 것이다. 언제까지 가야 하냐고? 하지만 새로운 습관에는 이 질문이 통하지 않는다. 답이 없기 때문이다. 새로운 습관이 루틴이 되기까지 걸리는 시간은 엄청나게 많은 요인에 좌우된다. 게다가 사람은 다 다르다. 그러니 습관과 루틴도 다 다를 수밖에 없다. 당신은 세상에 하나밖에 없는 존재이다. 당신 습관, 행동 방식, 사고방식도 세상에 단 하나밖에 없다.

습관이 변하기까지 얼마나 걸리는지를 두고는 여러 가지 학설이 있다. 미국 외과 의사 맥스웰 몰츠는 1950년대에 자기 환자들이 성형 수술을 받은 후 외모 변화에 적응이 되기까지 최소 21일이 걸린다는 사실을 깨달았다. 가령 코 수술을 받은 환자가 거울에 비친 자기 모습이 낯설지 않다고 느끼기까지 3주가 걸렸다는 것이다.

행동 변화를 외과 수술에 따른 이런 급격한 외모 변화와 단순 비교할 수는 없겠지만, 몰츠는 수술 경험을 바탕으로 자신이 변화와 새로운 행동에 적응하는 시간을 재보았다. 그랬더니 놀랍게도 역시나 3주가 걸렸다. 따라서 몰츠는 과거의 정신적 이미지가 해체되고 새로운 이미지가 생기기까지 적어도 21일이 걸린다는 주장을 내놓았다.

그의 이런 주장은 3천만 부 이상이 팔린 베스트셀러 《성공의 법칙》에 담겨 있다. 이 마법의 숫자 '21일'은 많은 이들에게서 호응을 얻었다. 변화를 시도할 수 있을 만큼 짧은 시간이면서 동시에 실제로 변화가 일어날 수 있을 만큼 긴 시간이기 때문이다.

인기를 끈 또 다른 마법 숫자로 30일이 있다. 한 달은 뭔가 완성의 느낌이 묻어나는 숫자이니까 말이다. 하지만 이 주장의 정당성을 입증할 만한 통계 자료는 없다. 한 달도 사실 너무 짧지 않을까? 워낙 굼뜬 스타일인데다가 습관이 들려면 많은 반복이 필요한 사람이라면?

그렇다면 66일은 어떨까? 이 숫자는 런던 대학교에서 실시한 연구 결과에서 나왔다. 건강심리학자 필리파 랠리는 새로운 습관이 자리 잡을 때까지 얼마나 걸리는지 조사하였다.[18] 96명의 실험 참가자가 정오에 물 한 병을 마시거나 식사 15분 전에 걷기를 하는 실험이었다. 12주 동안 매일 이들에게 계획을 실천에 옮겼는지, 이 습관이 얼마나 당연하게 느껴지는지를 물었다. 그랬더니 참가자들은 18일~254일이라는 대답을 내놓았다. 그러니까 66일이라는 숫자는 그 중간치이다.

질문을 다시 던져보자. 새로운 습관이 튼튼해지려면 과연 얼마나 걸릴까? 진실은 21일에서 몇 년 사이 어딘가에 있다. 하지만 너무 겁먹을 필요는 없다. 런던 대학교 연구 결과에는 행동 변화가 가능하며, 심지어 대충대충 해도 변화가 가능하다는 내용도 포함되었으니 말이다. 한 번 기회를 놓쳤다고 해도 습관 형성에는 큰 영향을 주지 못했다.

달리 말해 가끔 뒷걸음질을 친다고 해도 새로운 습관의 형성 과정은 "모 아니면 도"가 아니라는 뜻이다. 매번 다시 결정을 내리고 전진할 수 있다. 석 달이 좀 길어 보이기는 하지만 결코 주눅들 이유는 아니다. 조금 더 오래 걸릴 수 있다는 사실은 오히려 행동 변화가 과정이라는 것을 말해주기 때문이다. 이 과정을 이겨내는 것이 성취임을 잊지 말자. 식습관 변화의 경우 학자들은 새로운 식습관이 자리 잡을 때까지 적어도 3년이 걸린다고 주장한다.[19]

원하는 행동에 얼마나 빨리 도달할지는 그 행동이 얼마나 빨리 확고히 자리 잡는지에 달려 있다. 어떤 습관인가도 관건 이지만 외부 상황도 중요하며 우리 자신도 큰 역할을 한다. 따라서 다음으로는 습관의 확고한 자리매김을 좌우할 몇 가지 측면에 대해 알아보기로 하자.

새로운 습관이 튼튼해지는 시간

행동 변화 기간은 습관의 강도에 달려 있다. 습관은 대부분 오래된 것이 많다. 가령 어릴 때부터 손톱 물어뜯는 버릇이 있었는데 어른이 된 지금도 여전히 스트레스를 받으면 손톱을 물어뜯는다. 두뇌 해당 신경길이 워낙 많이 다니다 보니 단단히 굳어진 것이다. 당연히 그 옆에 새로운 길을 뚫으려면 시간이 오래 걸릴 것이다.

단순한 습관은 복잡한 습관보다 배우기도 버리기도 더 쉽다. 규칙적으로 운동을 하거나 단것을 딱 끊기는 어렵지만 매일 아침 물 한 잔 마시거나 먹은 그릇을 바로 설거지하는 건 아주 어렵지 않다.

모든 습관은 배우기보다 버리기가 더 힘들다. 앞에서도 배웠듯 묵은 습관은 다른 습관으로 대체하면 버리기가 쉽다. 하지만 대안 없이 바로 끊어버리기는 힘들다. 우리 뇌가 루틴을 사랑하기 때문이다.

의지, 자제, 훈련이 빠른 목표 달성을 돕는다. 습관을 고치는 일은 신나는 놀이동산이 아니다. 습관 고치기가 그렇게 간단하다면 당신이 이 책을 왜 읽고 있겠는가? '습관의 힘'이라는 말이 괜히 나온 것이 아니다. 하지만 의지가 강하고 열심히 훈련하고 루틴의 배후를 캐묻는다면 머지않아 성공의 정상에 오르게 될 것이다. 물론 그렇다고 해서 이를 악물고 땀을 뻘뻘 흘려야 하는 해병대 훈련이라 생각할 필요는 없다. 변화는 즐거움이다. 변화의 기쁨을 알게 된다면 힘든 훈련도 더는 힘들게 느껴지지 않을 것이다.

동기가 클수록 행동 변화도 빠르다. 목표를 이루려면 자신이 무엇을 원하며 무엇이 방해하는지를 알아야 한다. 목표는 명확할수록 좋지만, 구체적인 목표를 세우기에 앞서 먼저 동기가 무엇인지부터 파악해야 한다. 왜 당신은 이런저런 목표를 이루려 하는가? 때로는 충격적인 사건이 계기가 되어 변화를 결심할 수도 있다. 새해 계획보다는 암 진단이 훨씬 더 강력한 금연의 동기가 될 테니 말이다.

고통이 심할수록 변화도 빠르다. 고통이나 통증을 바라는 사람은 없다. 따라서 고통이 심할수록 변화 욕구도 커질 것이다. 고통이 심할수록, 고통을 참을 수 있는 능력이 적을수록 더 빨리 행동 변화를 꾀할 것이다.

무계획은 브레이크를 밟는다. 동기와 목표와 길이 불분명하면 아무리 시스템이 명확해도 변화는 힘들다. 준비가 반이다. 구체적인 목표를 세우고 그 이유가 무엇인지, 어떻게 목표를 이룰 것인지 고민하여야 한다. 그래야 작심삼일을 넘어 꾸준히 목표를 추구할 수 있을 것이고 좀 더 빨리 목표를 달성할 수 있을 것이다.

숫자보다 계획에 집중하자

뒷좌석에서 연신 "언제 다 와요?" 하고 물어대는 아이에게로 돌아가 보자. 어른이라고 다를 것이 없어서 우리는 쉽게 조급증을 낸다. 원하는 것은 모조리 바로바로 내 손에 들어왔으면 좋겠다. 특히 성격이 급한 사람들은 당장 원하는 대로 되지 않으면 짜증을 부리고 충동적으로 결정을 해버린다. 아마 당신도 꽉 막힌 도로에서 도무지 앞으로 가지 못하는 상황에 짜증이 났던 적이 있을 것이다. 미팅 시간이 얼마 안 남았는데 체증은 도통 풀릴 기미가 안 보인다. 그런 순간이면 당신의 집중력은 오직 하나, 꽉 막힌 도로만을 향한다. 다른 건 아무래도 좋다. 안달복달은 인식과 판단을 흐리는 스트레스이다.

계획한 행동 변화에서도 마찬가지로 안달복달은 도움이 안된다. 조급증은 시간 인식을 왜곡시켜 결정에 잘못된 영향을 미칠 수 있기 때문이다. 예컨대 돈을 모아 세계 일주를 할 것인가? 아니면 하룻밤 호텔에 가서 잘 것인가? 단기적인 작은 보상과 장기적인 큰 보상을 두고 선택을 할 경우, 우리는 단기적인 보상을 택하기가 쉽다. 막스 플랑크 교육연구소 학자들이 밝혀낸 사실이다.[20] 보상이 불러온 긍정적 감정이 미래의 인지를 왜곡하여 조급증을 부채질하기 때문이다.

인내심 역시 새로운 습관과 마찬가지로 훈련할 수 있다. 당신 마음에서 안달복달하는 꼬마가 자꾸 고개를 내밀 때마다 인내심을 훈련해보자. 인내심 훈련도 시작은 작은 걸음이다.

- 눈길을 작은 발전으로 돌려라.
- 당장 성공하지 못한다고 해도 마음을 느긋하게 먹어라.
- 다른 방법을 찾아보자.
- 조급증이 일 때면 딴짓해보자.

가령 볼펜이나 그 비슷한 작은 물건을 가지고 놀아보자. 휴대전화나 목걸이, 귀걸이도 좋다. 코만 파지 않으면 뭐든 다

괜찮다. 굳이 물건을 가지고 놀 필요도 없다. 그냥 그 자리에서 자신의 호흡에 집중하면서 들숨과 날숨 시간을 재보자. 깊은 호흡은 부교감신경을 활성화하므로 마음이 가라앉으면서 조급증도 사라질 것이다.

교통체증으로 돌아와서, 옆 차선 차들이 내 차선의 차들보다 더 빨리 가는 것 같지만 그건 사실이 아니다. 당신의 뇌가 신경학적 구조를 근거로 이런 부정적 이미지를 들이밀지만 실은 그렇지 않다. 인지심리학에서는 이를 두고 '확증편향'이라 부른다. 자신의 기대를 확증하게끔 정보를 해석하려는 경향을 말한다. 열 번 그 길을 달렸다면 잘 달린 여덟 번보다 꽉 막힌 두 번이 더 기억에 단단히 박혀 있기 때문이다.

도로를 벗어나 당신의 목표로 돌아와 보자. 정말로 중요한 것은 시간이 아니다. 진짜 중요한 것은 21일이 걸리건 500일이 걸리건 결국 당신이 행복하다는 사실이다. 《아주 작은 습관의 힘》에서 제임스 클리어도 그렇게 말하며 수치가 아니라 계획에 집중하라고 충고한다. 우리는 항상 1일에서 시작을 해야 하니까 말이다.

성공은 한 번의 성과가 아니라 매일의 습관이 낳은 결과물이다. 반복이 힘이다. 반복을 통해 습관이 바뀐다. 그러니 새로운 행동을 최대한 자주 쉬지 않고 반복하라. 우리 두뇌의 대표는 의지가 아니라 루틴이다. 많은 행동이 우리 의지와 관계없이 제멋대로 일어난다. 신경망은 반복될 때마다 튼튼해진다.

　습관은 생물학적으로도 신경학적으로도 "값이 싸다." 자동장치는 두뇌의 에너지를 절감한다. 덕분에 두뇌는 다른 일을 할 수 있다. 그래서 두뇌는 우리가 습관적인 행동을 할 때마다 보상해준다. 새로운 습관을 훈련할 때는 딴청을 피우지 말고 혹시 뒷걸음질 치더라도 용기를 잃지 마라. 변화는 직진하지 않는다. 새로운 습관이 자리 잡을 때까지 딱 정해진 시간이 있는 것도 아니다. 그러니 반복하여 힘을 키우자.

내게 유익한 습관
목록 정하기

이 목록을 잘 보이는 곳에 붙여두고 계속 연습하고 반복하여 굳건한 습관으로 자리매김해보자. 당신만의 습관으로 아래 목록을 더 보충할 수 있을 것이다.

- 걷는다. (계단으로 걸어간다. 일부러 돌아가는 길을 택한다.)
- 운동한다.
- 자주 웃는다.
- 모르는 사람한테 미소를 짓는다.
- 진심을 담아 칭찬한다.
- 하루에 한 번 싫어도 수락한다.
- 거절한다.
- 하루 중 가장 능률이 높은 시간대를 찾아서 계획을 세운다.
- 매일 과일을 먹는다.

• 매일 물을 2~3리터 마신다.

• 매일 참는다. (부정적인 평가, 불평, 하소연 등)

• 일찍 일어난다.

• 정리 정돈한다.

• 평소 쓰지 않던 손으로 칫솔질을 한다.

• 몸을 자각하며 샤워한다.

• 찬물로 샤워한다.

• 긍정적으로 생각한다.

• 명상한다. (여기 이곳으로 돌아온다.)

• 매일 좋은 일 한 가지씩 한다.

• 아침에 일어나면 따듯한 물 한 잔 마신다.

• 아침을 제대로 먹는다.

• 매일 여러 번 기지개를 켠다.

- 음식을 관찰하며 먹는다.

- 저녁 6시 이후에는 먹지 않는다.

- 하루를 계획한다.

- 한 시간마다 1분 행동을 멈추고 지난 한 시간 동안 무엇을 했는지 되새겨본다.

- 험담하지 않는다.

- 의도적으로 휴식 시간을 끼워 넣는다.

- 의식적으로 호흡한다.

- 바른 자세로 걷고 서고 앉는다.

- 수면위생을 잘 지킨다.

- 일기를 쓴다.

불안을 없애는 마음챙김 훈련

긴 줄에 서 있거나 차가 꽉 막혔을 때는 이렇게 해보자.

- 지금 화를 내고 짜증을 내는 게 무슨 의미가 있는지 자신에게 물어본다.
  아무리 화를 내도 상황은 달라지지 않는다. 그렇다면 감정을 어떻게 바
  꾸어야 할까?

  이 시간을 활용할 수 있는 방법은 없을까? 긴 줄에 서서 처리할 수 있는
  일이 없을까? 음악을 들으며 기분을 전환하면 어떨까?
- 호흡에 집중하자. 깊게 숨을 들이쉬고 내쉰 후 기지개를 쭉 켠다.
- 사탕이나 검, 과일을 맛과 냄새와 느낌을 음미하면서 먹어보자.
- 그래도 너무 오래 걸리거든 좋아하는 장소를 떠올려 보자. 그곳 풍경은
  어떤가? 날씨는? 지금 당신의 기분이 어떤가?
- 주변에 사람들이 있다면 그들의 표정을 살펴보자. 그들에게 미소를 지어
  보자. 미소에 그들은 어떤 반응을 보이는가?

6

세상을 만족시키려 말고
자신을 만족시켜라

계속 한 걸음

채찍보다 당근,
뇌는 어떻게 보상하는가?

:
:

이 장에서는 새로운 습관이 더욱 단단해져서 완벽한 습관으로 자리 잡을 수 있는 방법을 설명할 것이다. 앞서 설명한 반복이 그중 한 가지 방법이고, 보상이 또 하나의 방법이다. 보상이 잘 먹히는 이유는 뇌도 써먹는 방법이기 때문이다. 우리 두뇌도 정교한 보상 시스템을 이용한다.

따라서 이 보상 시스템 원칙을 적극적으로 활용할 수 있다. 가끔 '당근'을 주어 보상을 한다면 바람직한 행동을 오래오래 유지할 수 있을 것이다. 보상을 받으면 의욕이 샘솟을 것이고 목표를 향해 더욱 매진할 마음이 생길 것이다. 또 보상을 받아서 행복을 느끼면 그 행동을 반복할 확률이 높아지고 자꾸 반복하다 보면 마침내 몸에 배게 될 것이다.

살다 보면 아무리 의욕이 넘쳐도 여건 탓에 계획 실천이 힘든 상황이 있기 마련이다. 가령 식습관을 바꾸기로 했는데 퇴근길이 온통 식당이다!

이 장에서 당신은 아래와 같은 것들을 배우게 될 것이다.

- 왜 보상이 중요한가? 굳이 모든 것을 다 금지할 필요가 없는 이유는 무엇일까?
- 언제 보상이 필요하고 언제 필요치 않을까?
- 어떻게 보상할까?
- 보상은 동기에 어떤 영향을 미치는가?
- 어떻게 하면 유혹에 넘어가지 않고 뒷걸음질을 예방할 수 있을까?
- 결정은 어떻게 자제를 도울까?

보상이 스트레스나 실망의 대안이 되어서는 안 된다. 아무리 작더라도 앞으로 나아갔을 때 그 작은 발전에 대해서 보상을 해주어야 한다. 작은 발전이 모여 만족과 행복을 선사할 것이기 때문이다. 그러니 보상이 아니라 만족을 위해 노력하자. 잠깐의 성공을 좇기보다 오래오래 행복하기 위해 노력하자.

앞서 말했듯 뇌의 목표는 루틴을 통한 에너지 절감이다. 그 목표가 달성될 때마다 뇌는 보상을 한다. 보상 시스템을 가동하여 행복 호르몬 엔도르핀을 쏟아내는 것이다. 정말 머리가 좋지 않은가!

우리 일상은 일하고 먹고 자는 게 대부분이다. 한 번쯤 궁금하지 않았는가? 왜 그럴까? 그냥 가만히 누워 아무것도 안 하면 편할 텐데 왜 굳이 먹고 마시고 일을 하고 섹스를 하는 것일까? 우리를 먹고 마시고 섹스하라고 부추기는 장본인은 바로 우리 두뇌이다.

특정 행동이 전뇌 저 깊은 곳에 자리한 '쾌락의 센터' 측좌핵을 활성화하기 때문이다. 이 부위는 보상 시스템, 즉 중뇌 변연계의 일부로, 음식을 먹거나 활동을 하거나 섹스를 하면 활성화된다. 이런 자극을 통해 뇌에서 연쇄반응이 일어나고, 그 과정에서 마지막으로 행복의 전달물질인 도파민이 나오는 것이다. 그럼 도파민은 우리 뇌에 그 행위를 반복하라는 신호를 보낸다. 그 행위가 이미 보상으로 이어졌기 때문이다. 보상기억은 그것을 잘 새겨두었다가 반응한다. 게다가 행복 호르몬 엔도르핀도 함께 분비된다. 그래서 기분이 좋고 의욕이 샘솟고 행복감이 밀려오는 것이다.

이런 행복은 편안한 생활이 주는 안락과는 다르다. 호기심이 없다면, 도전과 노력이 없다면 뇌는 금세 따분함을 느낀다. 뇌는 배우고 싶고 성숙하고 성장하고 싶다. 따라서 변화가 없다면, 새로운 것에 성공적으로 적응하지 않는다면 뇌는 절대로 보상하지 않는다. 중뇌 변연계는 우리가 학습한 행동을 성공적으로 불러낼 때 보상한다. 그 부위가 활성화되면 우리는 그 행동을 하고픈 욕구가 커진다. 이런 방식으로 우리는 특정 행동을 계속 반복하게 된다. 중뇌 변연계는 어떤 행동을 욕구 만족과 쾌락과 연결할 것인지, 따라서 우리가 어떤 행동을 추구하고 반복할 것인지 혹은 피할 것인지를 결정한다. 한마디로 도파민 보상이 부족하면 의욕이 줄어드는 것이다

행복은 보상과 함께 온다

사실 보상 시스템은 인간에게만 있는 것이 아니다. 몸길이가 1밀리미터도 채 안 되는 예쁜꼬마선충Caenorhabditis elegans 에게도 보상 시스템이 있다. 그 작은 동물이 통틀어 얼마 되지 않는 세포 중에서 몇 개를 보상 시스템으로 활용할 정도이니, 굳이 그것의 효용성을 더 강조할 필요가 없다

하지만 세상사가 그렇듯 유익한 보상 시스템에도 문제는 있다. 그것이 걸림돌이 될 수 있기 때문이다. 대표적인 것이 못마땅한 습관을 버리고 싶을 때이다. 단기간 상승한 도파민 함량으로 인한 긍정적 강화는 욕망과 모험심을 끌어올려 중독에 이르기까지 위험한 행동을 자극할 수 있다. 담배, 술, 약물을

이용해 신경 보상으로 가는 길을 줄이는 것이다. 중독물질은 복잡한 쾌락 센터의 메커니즘에 적극적으로 개입하여 뇌에 보상의 신호를 보낸다. 마약은 음식보다 최고 열 배까지 측좌핵의 도파민 수용체를 자극한다.

뇌는 우리가 프로그래밍해둔 행동을 보상한다. 불안과 근심을 잊으려고 주기적으로 술을 마신다면 뇌는 음주를 확고한 루틴으로 저장한다. 술을 근심과 불안의 해결책과 하나로 묶어 술을 마시면 기분이 좋아지게끔 보상을 하는 것이다. 문제는 이런 두뇌 신경 과정이 중독이 가져다주는 나쁜 목적에는 신경을 쓰지 않는다는 점이다. 중독은 나쁜 목적으로 향하는 출발점이 된다. 불쾌한 감정을 잊기 위해 중독물질을 섭취하는 방법이 장기적으로는 건강에 좋을 리가 없을 테니 말이다. 슬픔과 화는 삶의 일부이다.

실험실에서 쥐를 대상으로 실험을 한 결과와 여러 야생 동물을 관찰한 결과[21]를 보면 이런 욕망은 인간만의 것이 아니라는 사실을 알 수 있다. 이렇듯 보상 시스템이 인간과 동물 행동에 매우 큰 영향을 미치기 때문에 그사이 보상 시스템에 관한 연구도 활발히 진행되었다. 결과를 보면 낭만적 사랑 역시도 보상 시스템의 결과물이다. 사랑하는 사람의 사진을 보면 보상 시스템이 활성화된다니 말이다. 뉴욕주립대학교 연구팀

이 밝혀낸 사실이다.[22]

하지만 이 경우엔 성 충동을 느낄 때와 다른 신경 신호 길이 활성화된다. 우리 모두 경험으로 잘 알 것이다. 낭만적 사랑이 약간 중독과 비슷하다는 것을 말이다. 미국생리학협회가 발간하는 《신경생리학 저널Journal of Neurophysiology》에 실린 한 논문은 그 사실을 너무나 비낭만적으로 설명하고 있다. 우리 두뇌가 한 파트너에게 집중함으로써 에너지를 절감한다는 것이다. 한 사람에게 집중하게 되면 계속해서 파트너 감을 찾아 두리번거려야 할 필요가 없어질 테니까 말이다.[23]

이타적인 행동도 두뇌 보상을 받는다. 이는 애틀랜타 에모리 대학교 학자들이 입증한 사실이다.[24] 실험 대상자 두 명을 따로 불러 공동 범죄를 취조하였다. 두 사람은 상대가 무슨 말을 하는지 알 수 없다. 두 사람이 모두 범죄를 부인할 경우, 두 사람 모두가 벌을 적게 받는다. 하지만 한 사람이 범죄를 시인하고 상대에게 죄를 떠민다면, 자신은 공범에 머무르지만 상대는 감옥에 갇히게 된다. 실험 결과 실험 대상자들이 범행을 부인하여 서로를 지지할 때, 보상 시스템이 가장 많이 활성화되었다. 그러니까 이 경우 두뇌는 이타적인 행동과 협력을 보상하는 것이다.

이처럼 우리 두뇌는 다양한 자극에 반응하면서 행복 호르몬을 분비하여 행복을 전달하는 복잡한 보상 메커니즘을 구비하고 있다. 우리는 의식적이건 무의식적이건 자주 이런 상태에 도달하려고 애를 쓴다. 이런 보상 시스템은 우리가 부정적인 쾌락에도 쉽게 무너지기 때문에 문제가 될 수도 있지만, 또 한편으로는 힘들어도 꿋꿋하게 견디려는 욕망을 불러올 수도 있다. 작은 보상을 통해 의욕을 유지한다면 목표에 이르기가 훨씬 더 쉬울 테니까 말이다. 따라서 보상 시스템을 적극적으로 활용하려면 다음 장의 구피 이야기를 자세히 읽어보아야 할 것이다.

자신을 응원하는
치어리더가 되어라

⋮

　동경! 욕망! 만족! 듣기만 해도 기분이 좋아지지 않는가? 자전거를 잘 타는 사람이라면 알 것이다. 긴 구간 자전거를 타다 보면 도착해서 뭐 먹어야지 하는 생각을 계속하게 된다. 처음에는 아련하던 욕망이 시간이 갈수록 강렬해지고 마침내 목표 지점에 도착해 시원한 물과 달콤한 케이크 한 점을 입에 넣었을 때 밀려오는 그 만족감이란!

　욕망과 만족의 변주는 견디는 힘이 된다. 새로운 습관과 행동이 굳어져 자리를 잡기 위해선 의욕이 필요하다. 그 의욕을 북돋는 데 보상만큼 좋은 것이 없다. 행복감은 몸에 밸 때까지 그 행동을 되풀이할 가능성을 높인다.

　의욕은 목표를 향해 매진하도록 이끌어주는 힘이다. 진화의 역사를 돌아보아도 공복감과 갈증은 의욕을 북돋는다. 그런 기본 욕구 만족이 인류 생존을 보장하였다. 현대 사회에선 다른 욕구가 추가된다. 성적을 잘 받고 졸업장을 따고 직장에서 잘 나가는 등의 사회적 목표가 추가되는 것이다. 우리는 인정을 받기 위해 애쓴다. "잘했어!"라는 말 한마디, 흐뭇한 미소, 어깨를 툭 치는 격려의 몸짓이 사회적 의욕 강화제로, 보상으로 쓰일 수 있다. 그런 작은 인정의 제스처가 더욱 노력하도록 의욕을 북돋는 것이다.

이런 노력의 신경생물학적 근거는 무엇일까? 놀랍게도 그건 또다시 두뇌 보상 시스템이다. 우리 뇌가 보상을 갈망하기 때문이다.

주변에서 오는 모든 신호와 자극은 단순 정보와 함께 주관적 요인도 담고 있다. 우리 상태와 관련이 있는 정서적인 요인들이다. 그러니까 골인 선을 지나는 행위는 "목표에 도달했다"라는 정보를 담고 있을 뿐 아니라 기쁨과 자부심 같은 감정을 불러일으킬 수도 있다. 따라서 목표 달성은 중요한 동기가 된다. 물론 성공이 무엇인가는 개인의 주관적 관념은 물론이고 사회 분위기에도 좌우된다. 하지만 앞서 배웠듯 성공을 이루는 것은 수많은 작은 걸음이다. 계단을 하나 오를 때마다 그것이 목표 달성이기에 다시금 의욕을 촉진하는 것이다.

그렇다면 동기의 강도는 무엇에 좌우될까? 동기의 신경생물학적 정의와 연구는 복잡한 사안이다. 따라서 나는 물고기의 예를 들어 설명해보려고 한다. 관상용으로 많이 키우는 민물고기 구피 수컷은 짝짓기 준비를 마치면 색깔이 진해진다. 성욕이 적은 수컷이 성욕이 왕성한 수컷과 동일한 교미 행동을 보이기 위해선 암컷이 지느러미를 활짝 펴거나 크기가 큰 암컷이 나타나는 등 외부의 자극이 있어야 한다. 그러니까 이들의 교미 행동은 개체마다 자극 수용 동기가 어느 정도인지에 따라 외부자극을 다르게 처리한다는 사실을 입증한다.

단순화해보면 우리 마음가짐이 중요한 것이다! 동기는 영향력이 크다. 구피의 짝짓기 행동뿐 아니라 우리 목표 달성에도 동기는 큰 영향을 미친다. 목표와 길, 행동의 성공 전망 등 모두가 우리의 동기에 달린 것이다.

목표가 가치 있어야 동기도 커진다

성공에 대한 전망은 의욕을 북돋는다. 성공 전망처럼 일단 자극이 있어야 계속 나아가고픈 의욕이 생긴다. 쥐한테는 먹이 냄새가 그런 자극이 될 수 있다. 이런 자극을 분류하고 정돈하는 일은 보상 시스템인 중뇌 변연계 몫이다. 그런 다음 두 뇌는 성공 전망을 측정한다. 그 일이 일어나는 곳은 안와전두

피질이다. 눈 뒤편에 자리 잡은 대뇌피질의 이 부위는 결정을 내릴 때 중요한 역할을 한다.

또한 목표의 가치가 높을수록 동기도 높아진다. 추구하는 목표가 특별히 가치가 있다고 느끼는 경우 우리는 자신도 모르게 더욱 매진하게 될 것이다. 그럼 목표 추구 방법도 더 잘 배우게 될 것이다. 이 사실은 캘리포니아 대학교에서 실시한 실험이 입증하였다.[25]

신경학자 앨리슨 애드콕은 실험 참가자 열두 명에게 다양한 기억력 문제를 내주었다. 그리고 문제마다 받게 되는 상금을 달리 정하였다. 다음 날 참가자들은 상금이 10센트에 불과한 그림보다 5달러인 그림을 훨씬 더 잘 기억했다. 그러니까 상금 액수가 사고력에 영향을 미쳤던 것이다. 이런 실험 결과는 두뇌 촬영으로도 입증이 되었다. 상금 액수를 알려주는 순간에 보상센터의 측좌핵이 특별히 활성화되었을 경우 그 사람은 해당 그림을 나중에 훨씬 더 잘 기억했다.

예상되는 보상, 즉 상금은 일종의 기대감을 높이고, 이는 다시 의욕을 북돋을 수 있다. 덕분에 우리는 계속해서 앞으로 나아갈 수가 있다. 중간에 잠시 뒷걸음질을 친다고 해도 용기를 잃지 않고 계속 목표를 추구할 수 있는 것이다. 이때에도 중뇌 변연계에서 도파민 같은 신경전달물질이 나와서 능률을 높여

준다. 그러니까 투지와 의욕은 신경 회로와 밀접한 관련이 있는 것이다. 쥐를 두 갈래 길의 미로에 넣고 한쪽에는 보통 음식을, 다른 쪽에는 특식을 넣고서 풀어주면 쥐는 특식이 있는 쪽 길을 선택한다. 그 길이 장애물로 막혀 있어도 계속해서 그 길로 가려고 애를 쓴다. 하지만 신경독으로 쥐의 도파민 시스템을 막아버리면 쥐는 금방 노력을 중단한다. 보상 시스템이 없으면 의욕도 줄어드는 것이다.[26]

한마디 더 덧붙이자면, 목표에 도달하면 도파민 분비량이 다시 줄어든다. 행복감으로 보상해주는 모르핀 효과 역시 오래가지 않는다. 덕분에 우리는 고조된 감정에 오래 머물지 않고 다시 무언가를 하고픈 충동을 느끼게 되는 것이다. 야호!

이런 머릿속 롤러코스터가 너무 위태롭다 생각 들거든 안 떨어지게 꼭 잡아야 한다! 당신 보상 시스템도 항상 똑같지는 않을 테니까 말이다. 보상 시스템은 나이에 따라서도 달라진다.

사춘기에는 위험한 행동을 무사히 마쳤을 때 특히 많은 도파민이 분비된다. 그래서 청소년 아이들이 위험한 짓을 많이 하는 것이다. 아드리아나 갈반과 제이 기드는 그 이유가 사춘기 두뇌 변화 때문이라고 추정한다. 중요한 통제 메커니즘이 일시적으로 힘을 잃기 때문이라고 말이다.[27]

노인이 되면 같은 양의 도파민이 분비되어도 뇌가 덜 반응한다. 스물다섯 살과 예순다섯 살의 실험 참가자들을 모아 게임을 시켰다.[28] 상금이 걸린 게임이었다. 양쪽 연령 집단 모두 게임을 하는 동안에는 같은 양의 도파민이 분비되었지만 예순다섯 살 노인들의 두뇌는 스물다섯 살 청년들 두뇌보다 반응이 더 적었다. 노인이 되면 전달물질 효과가 줄기 때문이다. 그래서 노인이 되면 욕구도 줄고 기대감도 크지 않은 것이다.

생각을 안 하는 것이 득이다?

이제 우리는 두뇌의 화학적 과정이 보상과 동기를 조종한다는 사실을 알게 되었다. 그런데 왜 사람의 마음가짐이 목표 달성에 그렇게 중요한 것일까?

확고히 자리 잡은 행동 패턴은 자동으로 일어난다. 고민하지 않아도 우리는 서고 걷고 달릴 수 있다. 하지만 (올림픽에 출전한 운동선수들처럼) 성과 압박에 짓눌린 상황에서는 갑자기 자동화된 행동이 삐끗하여 실수를 저지를 수 있다. 축구 선수가 1초 동안 오른발로 찰지 왼발로 찰지 고민을 한다면 고도로 효율적이던 그의 동작 패턴이 갑자기 허물어지고 말 것이다. 시험을 칠 때 나타나는 블랙아웃 현상과 비슷하다. 두뇌가 잠깐 균형을 잃고 자동화 상태에서 빠져나와 버린다. 그래서 페

널티킥을 차는 축구 선수가 실수를 할 때가 많은 것이다.

따라서 그런 상황에선 예외적으로 이런 원칙이 통할 것이다. 즉, 생각을 안 하는 것이 득이다. 고민과 같은 인지과정이 두뇌의 루틴을 방해하는 바람에 평소의 뛰어난 분석력과 판단력이 순간적으로 작동을 멈춘다. 좌뇌의 활성화가 과도해지고 우뇌는 활동이 줄어든 까닭이다.

이를 두고 흔히 '투쟁 혹은 도피 반응'이라고도 부른다. 이 스트레스 반응은 두뇌의 정교한 전략이다. 그 전략이 없었다면 아마 인류는 지금껏 살아남지 못했을 것이다. 도피 반응의 경우 그것을 막는 비법 하나가 있다. 스트레스가 심하여 블랙아웃이 올 것 같은 기분이 든다면 왼손을 최소 15초 동안 꽉 쥔다.[29] 그럼 두뇌 운동 센터가 재가동되면서 거기서 나온 알파파가 전체 두뇌에 긴장 완화 효과를 퍼트린다. 한 번 해보시라!

프로 운동선수들은 성과 압박을 예방하기 위해 동기 훈련을 받는다. 근본적으로 동기가 없어서가 아니다. 동기 훈련은 특정 경기 상황을 시각화하여 불리한 상황에서도 마음이 흐트러지지 않도록 가르치는 훈련법이다. 이 훈련을 통해 선수들은 어려운 여건에서도 자신의 능력을 불러낼 수 있다. 경기 과정에 관한 생각을 의도적으로 차단하여 몸이 익은 행동 패턴에 경기를 맡기는 것이다.

그런 전략은 우리 목표에도 당연히 도움이 된다. 목표에 집중하고 딴청부리지 말고 비교하지 말자. 자신의 행동을 믿자. 실수를 저지르거나 자신이 미덥지 못한 상황에서도 자신을 믿어보자.

스포츠 심리 동기 훈련에선 부정적인 내면의 독백을 피하는 것도 중요하다. 새로운 습관을 연습할 때도 유용하게 써먹을 수 있는 부분이다. 그러자면 먼저 자신의 부정적인 독백을 자각해야 한다. 이어 그것을 대신할 긍정적이고 낙관적인 독백을 찾아내야 한다. 자신을 응원하라! 자신을 응원하는 치어리더가 되자.

동기가 충분하면 목표를 향해 계속해서 나아갈 수가 있다. 앞에서 배웠던 것처럼 큰 목표를 잘게 쪼개어 단계별로 사고하면 도움이 된다. 계획을 세워 자신의 발전을 측량해보자. 그럼 다시 의욕이 생길 것이고 그 의욕을 바탕으로 앞으로 나아갈 수 있을 것이다. 두뇌 보상 시스템이 곁에서 적극적으로 도와줄 것이다.

어린 시절 칭찬 스티커
활용하기

상을 주어 의욕을 북돋아 주자. 다들 기억날 것이다. 유치원이
나 초등학교 시절에 선생님 말씀을 잘 들으면 선생님께서 칭찬
스티커를 나누어주었다. 그럼 어깨가 으쓱해져서 선생님 말씀을
더 잘 들었을 것이다. 어른이 되었다고 해서 다를 것은 없다. 스티
커가 늘수록 같은 행동을 반복할 가능성도 커진다.

아침에 눈을 뜨면 물 한 잔 마시자고 결심했다. 눈뜨자마자 스마
트폰부터 들여다보는 습관을 버리자고 결심했다. 사흘 연속 결심한
대로 물을 마시고 스마트폰을 안 들여다봤다면 자신에게 상을 주
어도 좋을 시간이다. 듬뿍 자축하고 스티커 세 개를 노트에 붙여보
자. 이튿날 아침 물 마실 확률이 훨씬 높아진다.

스티커가 열 개가 되면, 스무 개가 되면, 쉰 개가 되면 어떤 상
을 주지? 아주 특별한 상을 마련해서 흠뻑 즐겨보자. 장하다고 자
신의 어깨를 두드려줘도 좋을 것이다.

6-3

유혹과 충동을 넘어
꼿꼿하게 버티려면

:
:

결심하고 끝까지 밀고 나간다. 끝. 이것으로 이 장을 끝맺을 수도 있다. 과연 그럴까?

충동은 우리를 유혹하여 가던 걸음을 부여잡는다. 그것이 정상이다. 아마 바꾸고 싶은 습관 대부분이 오래오래 우리 곁에 머물렀을 것이다. 식습관을 예로 들어보자. 좋아하던 크루아상을 파는 제과점이 저기 보이기만 해도 이미 당신의 입에선 침이 고인다. 그래도 좋은 점은 있다. 항상 선택을 할 수 있으니까 말이다. 당신은 매번 그 달콤한 유혹에 넘어갈 것인지 참을 것인지 선택을 할 수 있다. 충동은 언제든 다시 생길 수 있지만, 거기에 꼭 넘어갈 이유는 없다. 그건 당신 자유다. 그 누구도 당신에게 유혹에 넘어가라고 강요할 수 없다. 그러니까 유혹을 참고 이기는 것이 반드시 고난의 길은 아니라는 말이다. 중요한 것은 결정이다. 당신만이 결정을 할 수 있다. 따지고 보면 목표를 세우고 정한 것도 당신이지 않은가. 당신이 규칙을 정했다. 당신이 대장이다.

신경학자이자 심리치료사인 요아힘 바우어도 이것을 자제력보다는 자기조절 문제라고 보았다. '조절'이라는 말에서부터 이미 모든 것이 당신 손에 있다는 느낌이 든다.《자기조절-자유의지의 재발견》에서 요아힘 바우어는 인간의 두뇌에는 기본 시스템이 두 가지가 있다고 주장한다. 하나는 모든 자극에 반응하고 모든 유혹에 무너지며 모든 실망에 곧바로 분노하는 충동 시스템이다. 또 하나는 정반대로 작업하여 충동을 꺾고 장기적인 목표가 무엇인지 생각하는 시스템이다. 자기조절이 바람직한 상태에 있으려면 이 두 시스템이 균형을 유지해야 한다.

자기통제와 금욕은 다르다

먼저, 단기 욕구 충족과 장기 욕구 충족은 다르다는 것을 알아야 한다. 어릴 적 우리는 주변 사람들을 생각하여 기다리고 나누는 법을 배웠다. 다시 말해 충동을 억제하는 법을 배웠다. 그게 잘 될 때도 있지만 잘 안 될 때도 있고, 또 그럴 수 있을 때와 꼭 그래야 하는 때가 있고 그렇지 않은 때가 있다. 아마 다들 그 유명한 마시멜로 실험에 대해 들어보았을 것이다. 미국 심리학자 월터 미셸이 1960년대에 미국 대학교에서 실시한 실험이었다.

유치원에 다니는 아이들 앞에 마시멜로가 담긴 접시를 놓아두고 어른이 돌아올 때까지 이걸 먹지 않으면 마시멜로를 더 많이 주겠다고 말하였다.[30] 이런 '보상의 연기'를 견딘 아이들은 일반적으로 자기통제 능력이 뛰어나서 나중에 커서 더 성공적인 삶을 살았다고 한다. 그 사실은 실험을 하고 각기 10년과 40년이 지난 후 실험에 참여했던 아이들을 찾아서 살펴본 결과였다. 실험에서 유혹을 이겨내었던 아이들이 홀랑 먹어버린 아이들보다 더 성공적인 삶을 살고 있었다. 즉 직업도 더 좋았고 돈도 더 많이 벌었고 더 건강했다.

이 실험 결과로 월터 미셸은 유명인사가 되었다. 그런데 문제가 한 가지 있었다. 실험에 참가했던 아이는 550명이었지만 나중에 찾아낸 숫자는 일부에 불과했다. 또 한 가지, 아이들의 집안 형편을 고려하지 않았다. 따라서 이미 미셸의 결과를 반박하는 연구 결과들이 많이 나와 있는 상황이다.[31] 그러니 네 살 아이가 못 참고 마시멜로를 먹었다고 해서 걱정할 이유는 없다. 월터 미셸도 실험 결과 해석과 관련하여 거듭 경고를 하였다. 자신의 관심은 '인간이 자기통제를 정확히 어떻게 학습할 수 있는가'의 문제였다고 말이다.

그건 가령 충동과 거리를 두는 방법으로 학습할 수 있다. 당신이 벽에 붙은 파리라고 상상해보자. 파리는 지금 벽에 붙어 당신을 관찰하는 중이다. 그럼 다른 시점에서 자신을 바라볼 수가 있고, 충동적인 생각과 행동이 줄어들면서 의지에 귀를 기울이게 될 것이다.[32] 자기통제를 충동을 억제하여 장기 목표 달성을 돕는 정신적 도구로 볼 수 있게 되는 것이다.

자기통제는 하나의 선택일 뿐 의무는 아니다. 곧장 보상하는 것이 더 좋은 상황도 있기 때문이다. 부모가 도무지 약속을 지키지 않는데 아이가 여전히 부모 약속을 믿고 마시멜로를 안 먹고 기다려야 할까? 진짜로 더 많이 줄지 누가 알겠는가?

자기통제는 금욕이 아니다. 그러니 필요하다 싶을 땐 스스로 보상하자. 아무리 작은 성공도, 아무리 작은 걸음도 축하할 가치가 있다. 자제는 충동을 제때 약화하자는 의미일 뿐이다. 가령 마시멜로 실험에서 아이들은 눈을 꼭 감거나 마시멜로를 안 보이는 곳으로 치웠다.

아마 당신도 경험이 있을 것이다. 모든 유혹에 굴복하지 않는 것이 즐거울 수 있다는 경험 말이다. 서로 눈을 쳐다보고 먼저 웃는 사람이 지는 게임과 같다. 당신은 충동을 이길 수 있다. 바로 그런 자기조절 순간은 합격한 시험과 같다. 그 성공 경험이 또다시 의욕을 북돋고 그 자체가 작은 보상이 된다. 우습게 들리겠지만 어떨 땐 보상을 포기하는 것이 보상이다. 맛있지만 기름진 치킨을 포기하는 것처럼 말이다.

그러므로 충동과 친구가 되자. 충동은 나쁜 것이 아니다. 다만 그것이 당신을 손아귀에 넣고 마음대로 휘둘러서는 안 된다. 당신 의지가 충동을 조절할 수 있다면 정말로 많은 것을 얻을 수 있다. 보상을 기다릴 수 있는 사람은 과잉 행동 장애를 앓지 않는다. 마약 중독에 빠질 확률이 낮다. 비만이 될 확률도 낮다.

각 경우마다 보상해도 괜찮을 충동인지, 아니면 목표 달성을 방해하는 충동인지 잘 판단해보자. 양쪽 어깨에 천사와 악마가 앉아 속삭인다. 누구 말이 옳은지 귀 기울여보자. 언제나 결정을 내려야 할 것이고, 당연히 그 결정이 언제나 쉬운 것은 아니다. 왜 그럴까?

당신 결정은 여러 측면에 좌우된다. 목표, 대안, 불확실성, 결과가 바로 그 여러 측면이다. 그러니 어쩔 수 없이 잠시 걸음을 멈추고 어떤 행동 가능성이 있는지, 그것이 어떤 결과를 낳을지 예측해야 한다. 기술적 의사결정론descriptive decision 이 따지는 지점도 바로 이것이다. 토머스 랭어는《자제의 문제》에서 그것을 매우 단순한 사례를 들어 설명한다. 구름이 잔뜩 끼었는데 산책갈 것인가? 비가 올지도 모를 날씨이니 당신의 목표는 비를 맞지 않는 것이다. 대안은 (a)우산을 가지고 가거나 (b)우산 없이 산책가는 것이다. 불확실성은 비가 올 수도 있고 안 올 수도 있다는 사실이다.

대안 (a)의 결과는 확실하다. 우산을 가져가면 비가 오건 안 오건 비를 안 맞는다. 대안 (b)의 결과는 비가 올지 안 올지에 좌우된다. 멈추고 성찰하고 예측하고 선택한다. 이것은 전전두엽 피질의 작업이다. 물론 결정은 복잡하다. 하지만 뭐 어떤가. 비 좀 맞는다고 죽지는 않는다.

충동과 절친이 되어라

자제는 결정을 요구한다. 그리고 결정은 보상을 받는다. 적극적으로 결정을 내리면 주의력이 높아지고 도파민 지수가 올라간다. 내려진 결정에 대해 두뇌가 보상하는 것이다. 그 사실은 힘든 결정을 내린 후 찾아오는 안도감에서도 확인할 수 있다. 목표를 정하고 결정을 내려서 기회의 창을 여는 것, 이런 활동들은 모두가 같은 신경회로 몫이다. 그런 활동이 전전두엽 피질을 긍정적인 방향으로 자극하는 것이다. 그럼 불안과 근심이 줄어든다. 그래서 결정을 내리면 감정 처리를 담당하는 변연계가 동시에 안정되는 것이다.

식습관의 경우 특히 충동을 억제하고 결정을 내리고 자제를 하기가 힘이 든다. 단기간 금식을 한 사람들은 덜 먹고 더 건강하게 먹는 것보다 아예 굶는 쪽이 더 쉽다고 말한다. 굶으면 "뭘 먹을까?"를 두고 수백 번 고민하지 않아도 되기 때문이다. 금식에 성공하면 의욕이 쑥 올라간다. 일주일 동안 물만 먹고 살았는데 못 할 것이 무엇이란 말인가? 아무리 달콤한 유혹도 거뜬히 이겨내고 목표를 향해 달려갈 수 있을 것이다.

성공은 끈기에 달렸다. 우리 두뇌는 바쁜 걸 좋아한다. 자제력도 훈련할 수 있다. 작은 것에서 시작한다. 한꺼번에 식습관 전체를 바꾸겠다고 설치지 말고 아침 식사부터 시작해보는 것이다. 아침 식사는 건강하게 먹자고 결심한다. 이 결정을 끝까지 밀고 나간다. 남은 두 끼는 어쩔 수 없는 경우 건강하지 못한 음식도 먹을 수도 있다. 하지만 아침은 절대 양보 못 한다! 이렇게 '건강한 아침'에 익숙해지면 결정의 범위를 점심과 저녁으로 넓혀간다. 가령 주말에는 점심도 건강하게 먹는다. 한 가지 과제에 익숙해지면 또다시 새로운 작은 목표를 정한다. 그렇게 재미나게 투지를 키울 수 있고 우리 뇌도 늘 바쁘게 움직일 것이다.

충동에 넘어가서 짜증이 난다면 생각하라. 자기통제는 자기 돌봄의 일부일 때에만 의미가 있다는 것을. 자신을 괴롭히면 병이 든다. 그저 책임감을 느끼고 자기만족과 행동을 위해 노력하면 그뿐이다.

물론 인간이니까 실망하고 짜증 내고 안달복달하는 것도 어찌 보면 당연하다. 이런 부정적 감정이 밀려올 때는 어떻게 대처해야 할까? 그런 순간 어떤 행동으로 어떻게 자신을 사랑할 것인지, 다음 연습으로 훈련을 해보자.

실패와 실망
다스리기

자신의 감정을 관찰한다

숨을 세 번 깊게 코로 들이쉬고 입으로 내뱉는다.

감정의 존재를 인지한다. 상상으로 혹은 실제로

한 걸음 뒤로 물러나서 감정으로부터 멀어진다.

감정을 인지한다

감정은 오고 가는 파도와 같다.

억지로 막으려 하지 마라. 억누르려 하지도 마라.

감정을 버리려고 하지도 말고 치워버리려 하지도 마라.

감정을 붙잡으려 하지도 마라.

그리고 생각하라. 당신은 당신의 감정이 아니다.

감정을 받아들인다

감정을 판단하지 마라. 감정에 마음을 열어라.

감정은 구름처럼 왔다 가는 것이다.

감정을 받아들이려 노력하자.

감정이 부담스러울 때마다 이 연습을 되풀이하자.

만족한 만큼
언제든 듬뿍 보상하라

⋮

    보상이란 무엇일까? 철학자 클라우스 코른박스의 말대로 보상은 자발적으로 주는 것이다. 노동이나 노력에 대한 '반대급부'가 아닌 것이다.[33] 강아지에게 '앉아!'를 가르칠 때 상으로 주는 간식만 떠올려보아도 잘 알 수 있는 사실이다. 강아지에게 꼭 간식을 줄 필요는 없다. 간식을 주지 않아도 자꾸 가르치다 보면 강아지는 언젠가 '앉아!'를 배울 것이다. 하지만 간식으로 보상을 하면 긍정적 행동을 강화할 수 있다. 보상은 의욕을 북돋아서, '앉아'라고 명령을 내릴 때마다 강아지가 얌전히 말을 잘 들을 것이다. 인간도 다르지 않다.

    행동치료에선 보상을 '긍정적 강화제'라 부른다. 보상 형태는 칭찬이나 인정, 존중이 될 수도 있고 음식이나 돈이 될 수도 있다. 이런 강화제는 원하는 행동을 되풀이할 확률을 높인다. 문제는 당신을 칭찬하는 사람을 당신이 존경하거나 좋아하지 않을 경우, 그 칭찬이 보상처럼 느껴지지 않는다는 데 있다. 또 너무 자주 칭찬하면 칭찬 효과가 사라진다. 게다가 칭찬은 대부분 외부에서 온다. 당신이 어떻게 할 수 없는 요인이다.

그러니 스스로 그 상을 주면 될 것을, 왜 자신에게는 보상하지 않는가? 우리는 유독 자신에게 인색하다. 게다가 기껏 보상이라고 한다는 것이 거꾸로 계획이 어긋났을 때이다. 보복 쇼핑, 보복 소비가 바로 그런 것이다. 화가 나서 물건을 사고 일이 뜻대로 풀리지 않아서 마구 먹어댄다. 이런 종류의 보상은 도움은커녕 오히려 방해만 될 뿐이다.

우리는 왜 자신에게 인색한가?

당신의 보상은 무언가를 대신할 필요도 없고 교체할 필요도 없다. 보상을 통해 스트레스나 실망이 아니라 긍정적인 점을 강화해야 한다.

작은 성공을 보상하라
앞에서도 말했듯 큰 목표도 잘게 쪼개면 달성하기가 더 쉬워진다. 그 모든 작은 단계 성공은 축하받을 가치가 있다.

10킬로그램을 감량한 후, 500쪽 논문을 다 쓰고 난 후, 한 달 금연을 하고 난 후에야 보상하자는 생각은 틀렸다. 1킬로그램이 빠졌어도, 두 시간 집중해서 작은 일을 마쳤어도, 스트레스가 심한 날 끝까지 꾹 참고 담배를 안 피웠어도, 그것으로 이미 충분히 축하받을 가치가 있다. 물론 큰 성공에 큰 보상을 하는 것도 효과는 있다. 하지만 작은 성공도 존중할 줄 알아야 한다. 그 많은 작은 걸음이 없다면 큰 목표는 절대 이룰 수 없을 테니까 말이다.

현실적인 목표를 보상하라

스스로 달성할 수 없는 일에 보상을 약속하는 것은 무의미하다. 목표를 달성할 수 있다고 확신해야 한다. 그렇지 않으면 자신을 속이는 것이고 보상 효과를 죽이는 것이다. 그런 목표는 실망을 안기고 의욕을 꺾는다. "다음 주 미팅에 쓸 자료를 오늘 하루에 다 찾을 거야." 이건 현실적인 목표가 아니다. "그래프 세 개만 그리고 나면 밖에 나가 커피 한 잔 마셔야지." 이런 실현 가능한 목표가 훨씬 더 의미 있다.

후하게 보상하라

후하게 보상하라고 해서 조그만 성공에 어마어마한 선물을 주라는 말이 아니다. 작은 목표를 세우고 그걸 달성하면 커피 한 잔 마시려고 했는데 기대만큼 결과가 나오지 못했다고 상상해보자. 목표 달성을 못 했으니 커피도 마시지 말아야 할까? 그렇지 않다. 이럴 때일수록 자신이 달성한 것을 인정할 필요가 있다. 자신에게 마음을 후하게 먹고 자신과의 약속을 지키자. 이런 상황에서 보상하지 않는 것은 형벌이나 마찬가지이다.

바로 보상하라

목표를 이루자마자 바로 보상해야 가장 효과가 크다. 안 그러면 효과가 떨어진다. 프레젠테이션을 잘 마치고 나서 한 달 후에나 보상한다면 이게 무엇에 대한 보상인지 알 길이 없다. 보상이 긍정적 강화제로서 역할을 전혀 할 수 없을 것이다.

다양하게 보상하라

보상 시간 간격을 넓히고 보상의 종류를 늘리자. 안 그러면 보상이 습관이 되어버려 아무런 효과를 내지 못할 것이다. 프레젠테이션 자료를 만들면서 한 페이지를 완성할 때마다 초콜릿 한 상자를 까먹는다면 금방 물려서 초콜릿 쪽으로는 고개도 돌리기 싫을 것이다(건강에 안 좋은 건 더 말할 나위가 없다). 보상은 특별한 것으로 남겨두자. 그래야만 의욕 고취 효과가 유지된다.

그렇다면 과연 언제가 보상의 정확한 때란 말인가? 너무 고민할 필요 없다. 너무 걱정할 필요도 없다. 그런 순간은 우리가 생각하는 것보다 훨씬 자주 찾아오니까 말이다. 가만히 생각해보라. 우리가 매일 이렇게 많은 일을 하고 있다는 사실이 놀랍지 않은가? 가족을 챙기고 친구들을 만나고 직장에 다니고 취미활동도 하고 집안일도 해치운다. 우리는 매일매일 실로 어마어마한 일을 해치우면서도 그 사실을 자각하지 못한다. 심지어 그게 그렇게 '자화자찬'할 일이냐고 겸손까지 떤다. 그렇지 않다. 자화자찬하고도 남을 일이다. 따지고 보면 이 모든 일은 우리 스스로가 자신을 위해 하는 일이 아니던가?

또 남의 칭찬에 목매다 보면 스스로 의욕을 일깨우기가 더 힘들어진다. 가령 그림을 그린 아이들에게 칭찬해주었더니 칭찬하지 않을 경우에는 비교집단보다 그림을 덜 그렸다는 실험 결과도 있다.[34] 이를 두고 '과잉 정당화 효과 Overjustification effect'라고 부른다. 어떤 행위가 남에게 보상을 받을 수단이 될 경우, 그 행동 자체의 가치가 떨어지는 것이다.

그러니 남들의 칭찬에 목맬 이유가 무엇인가? 직접 자신에게 상을 주면 칭찬받고 싶은 욕망을 혼자서도 충족할 수 있다. 자신이 만족스러울 때면 언제든 듬뿍 보상하라. 가령 이럴 때이다.

- 계획한 일을 달성했을 때
- 예상치 못한 일을 해냈을 때
- 누군가에게 혹은 어떤 일에 마음을 열었을 때
- 해묵은 행동 패턴을 부수고 나왔을 때
- 무엇이든 성취했을 때

매일 저녁 이 리스트를 살펴보며 자신의 행동을 점검해보면 당신이 얼마나 값진 일을 많이 해냈는지 절로 알게 될 것이다. 매일의 작은 성공을 되짚어보는 이런 시간은 마음챙김 훈련으로도 손색이 없을 것이다. 3개월에 한 번씩은 큰 목표를 점검하면서 그동안 얼마나 목표에 다가갔는지 따져보자. 그러다 보면 1년에 한 번씩, 즉 한 해의 마지막 날에는 자동으로 한 해를 결산할 수 있을 것이다. 지난 한 해를 돌아보며 자신이 얼마나 변했는지 물어보자. 당신은 얼마만큼 성장했는가? 어떤 능력으로 어떤 목표에 다가갔는가? 앞으로 무엇을 바꾸고 싶은가?

모든 대답이, 심지어 그런 생각을 했다는 사실만으로도 당신은 충분히 상을 받을 가치가 있다. 지난 시간을 돌아보며 자신이 이룬 것을 깨닫는 시간은 큰 행복과 만족을 줄 수 있을 것이다.

마지막으로 어떻게 보상할 것인가의 문제가 남았다. 무엇을 보상으로 느낄지는 개인에 따라 차이가 크다. 긍정적 강화 작용을 하는 모든 것을 보상으로 볼 수 있기 때문이다. 따분한 일상에 기분 전환이 될 만한 것, 평소엔 감히 하지 못하는 일, 갈망하던 휴식과 특별한 차 한 잔, 드라마 한 편, 달콤한 케이크…… 이 모든 게 보상이 될 수 있다. 힘든 하루를 보낸 후 집에서 건강한 음식을 만들어 먹는 것도 행복일 수 있고 친구들과 신나게 술 한잔하는 것도 큰 만족을 안겨줄 수 있다. 보상에서 무엇보다 중요한 것은 즐거움이다.

나를 행복하게
만드는 것들 적어보기

자신만의 보상 목록을 적어보자. 초콜릿 한 조각, 큰 호흡 세 번도 보상이 될 수 있다.

이렇게 작성한 보상 목록에 당신만의 특별한 상을 추가해보자. 드라마 마니아라면 드라마 한 편, 초콜릿 광이라면 초콜릿 한 상자도 좋다. 저축해둔 돈이 있다면 해외여행도 좋고 평소 갖고 싶었던 옷이나 신발도 좋다. 물론 꼭 대단한 선물일 필요는 없다. 행복한 미소, 다정한 칭찬 한마디도 충분한 보상이 될 수 있다.

6-5
말짱 도루묵을
예방하는 방법

:

　이런저런 행동이나 습관을 바꾸자고 마음먹었다. 그런데 불쑥불쑥 예전 충동이 되살아나고 여기저기 유혹의 손길이 넘실대는 통에 자꾸만 과거의 행동과 습관이 되돌아온다. 앞에서 이럴 때 써먹을 수 있는 여러 가지 방법을 소개했지만 자꾸 과거 습관이 되풀이된다.

　설사 그렇다고 해도 너무 걱정하지 마라. 지극히 정상이니까 말이다. 행동 패턴의 변화는 말처럼 쉬운 일이 아니다. 목표에 도달하기까지 이런저런 장애물을 넘어야 한다. 그중에서도 제일 힘든 것이 이런 뒷걸음질이다. 심지어 완전히 목표를 달성하고 나서도 문득 자신도 모르게 예전 습관이 돌아올 때가 있다. 여기에서는 이런 뒷걸음질이 어떻게 생겨나며 어떻게 대처할 것인지, 왜 선을 그어야 하는지를 설명하려 한다.

뒷걸음질도 의미가 있다

왜 과거의 습관이 돌아오는 것일까? 자꾸만 예전 행동이 돌아오는 것은 그만큼 그 습관과 행동이 끈질기다는 소리이다. 따지고 보면 오랜 세월 당신이 키우고 살찌웠던 습관이 아니던가. 당신의 뇌는 습관과 루틴을 너무나 사랑하기에 할 수만 있다면 어디서나 습관을 키우고 살찌우려 한다. 그러니 아무리 굳은 마음을 먹었다고 해도 하루아침에 싹 바꿔버릴 수는 없다. 변화는 지속적이지 않고 직진하지도 않는다. 아마도 뒷걸음질은 이럴 때 일어날 것이다.

- 가끔 목표를 까먹을 때
- 몸이나 마음이 힘들 때
- 상황이 어려울 때
- 자신이 아니라 남을 위해서 변화를 결심했을 때
- 자신은 못하리라고 생각할 때
- 변화의 노력이 소용없거나 너무 힘들다고 생각할 때
- 확인할 수 없거나 통제할 수 없는 목표를 골랐을 때
- 적절한 계획을 세우지 않았을 때

이렇듯 과거의 습관으로 돌아가는 이유는 여러 가지가 있다. 특히 병이 들거나 상황이 힘들 때는 자기도 모르게 예전 행동으로 돌아가게 된다. 루틴이 일종의 안전망 역할을 하기 때문이다. 습관대로 행동하면 고민을 할 필요가 없고 결심을 할 필요가 없다. 그러니 두뇌가 에너지를 절약할 수 있고, 그 에너지를 문제 해결에 투자할 수 있다.

어쩌면 당신은 자신을 위해서라기보다 남의 눈을 의식해서 변화를 결심했을 수도 있다. 그럴 땐 아무래도 확신에 차서 변화를 꾀할 때보다 의지가 약할 수밖에 없다. 변화 동기는 자신에게서 샘솟아야 한다. 남들이 당신을 어떻게 보느냐는 중요하지 않다. 당신이 먼저 자신을 사랑해야 한다. 그래야 남들도 당신을 사랑할 것이다.

걸음을 막는 것이 낡은 신념일 수도 있다. 예전에 한번 해봤는데 실패를 했기 때문에 절대 못 할 것이라며 자신을 설득한다. 하지만 해보지도 않고 될지 안 될지를 어찌 알겠는가?

될지 안 될지는 목표에 도달하고 나서야 알 수 있다. 또 목표 달성에 남의 도움이 필요하다면 당신 혼자서 목표 달성의 여부를 결정할 수가 없다. 이럴 땐 뒷걸음질 치더라도 당신 혼자서 어찌할 수가 없을 것이다.

마지막으로 스스로 결심하여 현실적인 목표를 세웠다고 해도 적절한 전략을 세우지 못한다면 뒷걸음질 칠 수 있다. 수단도 목표만큼 중요한 것이다.

뒷걸음질을 예방하는 방법을 생각해보자. 이제는 어떻게 해서 예전 습관으로 돌아가게 되는지 알았을 것이다. 아는 것만으로도 마음이 편해질 수 있다. 이런 문제가 당신만의 고통은 아니라는 사실을 깨달았을 테니까 말이다. 그러니 용기를 잃지 마라. 뒷걸음질을 예방하는 방법도 여럿 있으니까 안심해도 좋다.

- 주기적으로 걸음을 멈추고 자신의 바람과 길에 초점을 맞춘다.
- 자주 휴식을 취한다.
- 의욕이 어디서 오는지 점검한다.
- 자신의 신념을 점검한다.
- 변화의 장점을 계속해서 되새긴다.
- 목표를 점검한다.
- 더 나은 전략을 고심한다.

목표를 깜빡할 때를 대비해서 작은 리마인더를 마련해보자. 냉장고나 책상 등 잘 보이는 곳에 목표를 적은 포스트잇을 붙이거나 특정 상황을 지정해서 그때마다 목표를 상기하기로 마음먹는다. 가령 건널목에 서서 신호가 바뀌기를 기다리는 동안에는 항상 현 상황과 목표 상황을 비교해보기로 정하는 식이다. 그렇게 하면 강제 휴식 시간을 주기적인 마음챙김 훈련 시간으로 만들 수 있을 것이다.

목표 추구에도 휴식이 필요하다. 특히 마음먹은 대로 일이 풀리지 않거나 몸과 마음이 고단할 때는 후하게 휴식을 허락해야 한다. 다이어트를 할 때도 '치팅 데이cheating day'가 필요하다. 먹고 싶은 것을 마음껏 먹는 날이다. 현악기를 조율할 때도 줄을 너무 풀면 소리가 둔탁하고 너무 잡아당기면 줄이 끊어진다. 가끔 계획의 길을 벗어나서 무성한 풀숲으로 들어간다고 해서 목표로 향하는 길을 잃어버리지는 않는다. 어쩌면 풀숲에서 생각지도 못했던 달콤한 열매를 발견할 수도 있다. 그 열매로 주린 배를 채우고 다시 목표를 향해 씩씩하게 걸어가는 것이다. 다만 그 짧은 휴식 시간에도 목표를 놓치거나 잊지만 않으면 된다.

자신을 위해서가 아니라 남의 눈 때문에 변화를 결심했다면 과연 이 결심이 의미가 있는지, 다른 동기는 없는지 다시 한번 점검해볼 필요가 있다. 주변 사람들은 세월이 가면 달라질 수 있지만, 자신과는 평생을 함께 살아야 한다. 과연 누구를 위해, 무엇을 위해 변화를 원하는지, 그 이유가 무엇인지를 자신에게 물어보라. 그런 다음 남들이 아니라 자신이 옳다고 생각하는 길을 걸어가라.

자신이 옳다고 생각한 길을 걸어가는데도 자꾸만 못 할 것 같은 생각이 든다면 이번에는 신념을 점검해야 할 차례이다. 당신은 어쩌다 그런 신념을 갖게 되었는가? 왜 해봤자 소용없다고 생각하게 되었는가? 소용없다는 증거가 어디 있는가? 만일 그렇다면 다시 한번 목표의 실현 가능성을 따져보자.

구체적으로, 자세하게 목표를 세우면 아주 작은 발전도 놓치지 않고 알아차릴 수 있다. "더 행복하기"처럼 구체적인지 않은 목표는 목표 달성 여부를 판단하기가 힘들다. 당신이 생각하는 행복이 더 건강하게 사는 것일까? 아니면 더 많은 시간을 자신에게 투자한다는 의미일까? 이런 추적 작업을 통해 좀 더 구체적인 목표를 세우고 그 목표를 실현할 수 있는 자신만의 계획을 세워보자.

선 긋기는 이기주의가 아니다

만족한 삶을 살려면 건강한 선 긋기가 필요하다. 습관과 행동을 바꾸려면 몸과 마음이 편해야 한다. 그래야 힘을 내어 자신과 자신의 목표에 집중할 수가 있다. 하지만 선 긋기 역시 말처럼 쉬운 것이 아니다. 우리가 이 지구상에 혼자 사는 게 아니기 때문이다. 직장에선 사방에서 당신을 불러대고 친구들은 실연을 당했다며 전화질을 해대고 집에 가면 파트너와 아이들이 사랑을 달라고 아우성친다. 마음 같아서야 다 들어주고 다 해주고 싶지만, 몸이 하나이다 보니 그럴 수가 없다. 언제 어디서나 모두에게 다 잘해줄 수 없고 또 그러자고 당신이 이 세상에 태어난 것도 아니다. 때론 당신도 양심의 가책 없이 혼자서 푹 쉴 수 있는 시간이 있어야 한다. 그러자면 적당한 곳에서 선을 그어야 한다. 선을 그으라고 해서 혼자 밀실에 숨어 세상과 담을 쌓으라는 말이 아니다. 행복의 가장 중요한 요인은 아니라 해도 어쨌든 행복해지려면 인간관계도 중요하니까 말이다.

그래도 남을 위해 시간과 에너지를 쏟아붓기가 힘든 날들이 있다. 때로는 온전히 자신에게만 집중할 시간이 필요하다. 그럴 때 그 사실을 깨닫고 그에 맞게 행동해야 한다. 가령 목표 달성을 코앞에 두고서 다시 뒷걸음질을 친 날이 있을 것이다. 그런 순간에는 친구의 실연 고백을 들어줄 마음의 여유가 없다. 당신 문제만 해도 숨이 턱에 찬다. 바로 그럴 때 건강한 선 긋기와 거절을 연습할 필요가 있는 것이다. 양심의 가책을 느낄 이유가 없다. 어차피 그 상태로 친구를 만나봤자 친구 말이

귀에 들어오지도 않을 것이니 별 도움이 안 된다. 솔직하게 친구에게 오늘은 에너지가 다 닳았으니 다음에 만나자고 말하는 것이 모두에게 좋다.

그럴 수 있으려면 먼저 자신의 한계를 알아야 한다. 대화를 하는 중에 자꾸 딴생각이 나거든, 밀려드는 정보를 도저히 처리할 수가 없거든, 몸이 자꾸 가라앉으면서 혼자 있을 시간이 필요하다는 느낌이 들거든 바로 정신을 차리고 약속을 미루고 일정을 연기하자. 남들에게 함부로 피해를 주라는 말이 아니다. 순수하게 자신을 보호하자는 말이다. 자신의 한계를 인정할 필요가 있다.

남에게 던지는 거절이 때로 자신에게 선사하는 승락이다. 자신의 바람과 목표를 알고 그것을 추구하는 것은 강인함의 증거이다. 그래야만 행복의 길을 닦아 나갈 수 있고, 그래야만 남들의 소리에 귀 기울일 수가 있다. 공감하자면 백 퍼센트의 에너지와 관심이 필요하니까 말이다.

다시 말해 선 긋기는 이기주의가 아니라 자기 돌봄이다. 특히 힘들고 고달픈 시간에는 남의 문제에까지 신경을 써줄 여력이 없다. 건강한 선 긋기를 위해 노력하자. 그래야 과도한 부담을 피할 수 있다.

인생의 선물에 감탄하는 법

뒷걸음질을 예방하려면 한꺼번에 너무 많은 것을 하려 해서는 안 된다. 다음 네 가지 전략으로 부담을 피해보자.

스트레스를 인지한다

우리가 사는 세상은 우리에게 많은 요구를 해댄다. 성과를 내야 한다는 압박감과 스트레스, 정서적 위기는 몸은 물론이고 마음에도 나쁜 영향을 줄 수 있다. 스트레스가 심하면 머리가 아프고 등이 쑤시며 소화가 안 되고 더 심해질 경우, 식은땀이 나고 가슴이 답답하고 근육이 뭉치고 혈압이 오르거나 떨어진다. 입맛이 떨어지거나 식탐이 느는 것도 스트레스가 원인이며, 짜증이 나고 화가 솟구치며 마음이 우울할 때도 많다. 스트레스를 제때에 알아차리고 어떤 상황에서 그런 증상이 나타나는지를 유심히 관찰하라. 몸의 신호를 흘려듣지 마라.

통제의 노력을 내려놓는다

요즘 사람들은 스마트폰 앱을 이용해 온갖 것들을 잰다. 하루에 몇 걸음을 걸었는지. 하루 몇 칼로리를 섭취하는지, 몇 리터의 물을 마시는지, 심박수는 어떤지, 잠은 잘 잤는지 등등 온갖 것들을 세고 따지고 잰다. 다 건강에 좋을 거라고 하는 일이지만 때론 그 모든 통제의 노력을 내려놓을 필요가 있다. 어차피 모든 것을 통제할 수는 없다. 세상에는 우리가 어쩔 수 없는 일들이 더 많다. 만사를 내 뜻대로 하려 하지 말고 받아들이는 연습을 하자. 삶의 목적은 성과가 아니라 존재이다.

기대를 이야기한다

세상 누구도 당신 머릿속을 들여다볼 수 없다. 당신 역시 남의 머릿속을 들여다볼 수 없다. 당신이 근심과 불안, 바람과 요구를 말하지 않으면 아무도 알 수가 없다. 원하는 것이 있으면 서로 이야기하라. 그래야 오해를 방지할 수 있다. 또 괜히 남들의 기대에 부응하지 못할까 봐 전전긍긍하지 않을 것이다.

기대를 내려놓는다

최고의 기대는 기대하지 않는 것이다. 그럼 실망도 없을 테니 말이다. 너무 높거나 이루지 못할 목표를 자신에게 요구한다면 늘 마음이 편치 않을 것이다. 그러니 자신의 기대를 점검하고 필요하다면 버릴 수 있어야 한다. 그래야만 다가오는 모든 것에 마음을 열 수 있다. 그래야만 특정 결과에 집착하지 않을 것이고, 인생이 준비해둔 놀라운 선물들에 한껏 감탄하게 된다.

세상 누구도 완벽하지 않다

실수와 실패는 인간적이다. 선을 잘 그어 과도한 부담을 피하고 과거의 행동 패턴으로 돌아가지 않으려 노력했건만 또다시 그런 일이 일어날 수 있다. 그래도 실망하지 마라. 너무나 당연하고 정상적인 일이니까 말이다. 뒷걸음질과 실수는 배움과 성장 발판이다. 돌이킬 수는 없다 해도 그것을 교훈 삼아 더 앞으로 나아갈 수 있다. 아래 뒷걸음질에 대처하는 일곱 가지 전략이 도움이 될 것이다.

실수와 뒷걸음질을 인정한다

일이 뜻대로 풀리지 않을 때는 누구나 짜증이 나고 어떻게든 남 탓으로 돌리고 싶어진다. 그게 자존감을 지키려는 자연스러운 반응이다. 하지만 그렇게 할 경우, 중요한 기회를 놓치게 될 것이다. 뒷걸음질을 통해 성장하고 배울 기회를 놓치고 말 테니까 말이다. 당신의 행동은 그 누구도 아닌 당신의 책임이다. 그 사실을 인정하라. 자기 실수를 인정해야 상황을 분석하고 다음번에는 더 잘 할 수 있다. 실수의 인정이 곧 발전이다.

실수와 뒷걸음질을 받아들인다

실수를 인정할 수 있다면 한 걸음 더 나아가 실수를 받아들일 수도 있을 것이다. 또다시 과거 습관을 되풀이했다고 해서 너무 오래 화내지는 마라. 당신은 완벽하지 않다. 세상 그 누구도 완벽하지 않다.

뒷걸음질의 긍정적인 점을 찾는다

때로 실수가 엄청난 발견을 낳기도 하며 뒷걸음질이 도약의 지름길이 되기도 한다. 빌 게이츠는 마이크로소프트로 세계 최고 부자가 되었지만, 그가 처음 세웠던 회사는 파산했다. 스티브 잡스는 프로젝트에 실패해서 애플사로부터 해고통지를 받았지만, 나중에 그 회사를 사버렸다. 페니실린은 세균학자 알렉산더 플레밍이 실수로 실험실 창문을 열어두는 바람에 발견된 약이다. 박테리아 배양액이 페니실린 곰팡이에 감염되는 바람에 항생제를 발견한 것이다. 그 사람들이 일을 제대로 바로바로 했더라면 지금 우리는 어떻게 되었을까?

뒷걸음질을 평정심으로 대하라

결산을 내보자. 조금 돌아 에움길로 간다고 해서 손해가 막심한가? 당신이 잠시 뒷걸음질을 쳤다고 해서 세상이 무너지나? 작은 것에 쓸데없이 흥분하지 마라. 한 번 삐끗했다고 아예 못 걷는 것은 아니다.

뒷걸음질 친 후엔 잠시 쉬어보자

동물은 다치면 상처를 핥는다. 우리도 삐끗했다면 똑같이 상처를 보듬어야 한다. 충분한 시간을 두고 회복해야 한다. 벌떡 일어나 허둥지둥 달려 나가지 마라. 시간을 두고 상황을 분석하고 소화해보자. 그래야만 배울 수가 있다.

왕관을 바로 쓰고 앞을 바라보자

분석과 해석이 충분하다 싶다면 이제 자세를 바로잡고 앞을 바라보아야 한다. 자꾸 지난 실수를 되새김질하며 속을 끓여봤자 남는 건 아무것도 없다. 자책을 멈추고 정말로 중요한 것이 무엇인지 따져보자. 중요한 건 실패가 아니라 노력과 성장이다. 과거는 지나갔으니 이제 미래를 바라보며 계속 훈련하자.

발전을 인지한다

뒷걸음질을 예방하거나 잘 대처하기 위해서는 장기적인 목표를 놓치지 말아야 한다. 어쩌면 자신이 생각보다 더 많이 목표에 다가갔을 수도 있다. 작은 위기와 뒷걸음질에 속 끓이지 말고 자신의 발전을 바라보자. 아마 의욕이 솟구쳐서 앞으로 달려갈 용기가 생길 것이다. 당신이 이미 이룬 것에 주목하라. 그것은 세상 그 누구도 빼앗아갈 수 없는 당신만의 성공이다.

모든 반복이 소중하다

뒷걸음질은 체념할 이유가 아니다. 뒷걸음질은 그저 목표가 너무 높거나 새로운 습관이 충분히 자리 잡지 못했다는 증거일 뿐이다. 그 이상도 그 이하도 아니다. 그러니 용기를 잃지 마라. 실망과 분노와 슬픔은 눈을 흐려 긍정적인 측면을 가리기 쉽다. 배움은 부정적인 것을 강화하기보다 긍정적인 것을 보상할 때 훨씬 속도가 빨라진다.

관심을 발전으로 향하라. 자신이 얼마나 발전했는지 따져보면서 자축하고 자찬하라. 그것이 의욕을 북돋고 에너지를 선사할 것이다. 아무리 작은 것이라도 긍정적인 변화와 발전의 증거들을 찾아보자.

- 익숙하지 않거나 불쾌한 상황으로 자진하여 들어간다.

- 그런 상황에서 감정을 판단하지 않고 있는 그대로 받아들인다.

- 불쾌감과 이질감이 평소보다 많이 줄었다.

- 부정적인 신체 반응이 줄었다.

- 뒷걸음질에도 흔들리지 않고 목표를 향해 나아갈 수 있다.

- 부정적인 생각을 멈출 수 있다.

이 모든 것이 발전 증거이다. 당신은 변화를 결심했고 그 길을 꾸준히 걸었다. 길이 편하고 곧은 것은 아니었지만 당신은 꾸준히 성장하고 발전해왔다. 모든 작은 발전이, 모든 반복이 소중하다. 앞에서 배웠듯 반복을 통해서만 새로운 생각과 행동 방식이 습관으로 자리 잡을 수 있기 때문이다.

가다 보면 걸음을 멈출 수도 있고 뒷걸음질 칠 수도 있다. 자책하고 비난할 것이 아니라, 이유를 캐묻고 분석해보아야 한다. 그래야 원인을 알아내어 문제를 해결하고 다시 앞으로 걸어갈 수 있다.

성공을 자축하는
이벤트 만들기

안전지대를 떠났다면 어깨를 펴고 자부심을 느껴도 좋다. 자축하고 자찬하라. 결코 쉬운 일이 아니다. 그게 쉬운 일이었다면 여태까지 못 할 이유가 없었을 것이다.

자신에게 상을 주어라. 다정한 말 한마디, 따뜻한 차 한 잔, 세 번의 깊은 호흡, 그 무엇이든 좋다.

루틴이
멘탈이 될 수 있게

한 걸음 더

몸과 마음은
따로가 아니라 하나

.
.
.

우리는 모두 행복하고 만족하는 삶을 살고 싶다. 그런데 때로는 스스로 행복과 만족을 방해하는 걸림돌이 된다. 당신이 이 책을 사서 읽는 이유도 아마 그런 이유라 생각한다. 유익하지 않은 생각과 행동을 자신에게서 발견했기 때문일 것이다. 앞에서 당신은 좀 더 건강한 새로운 습관을 자리매김하려면 다음 4단계가 필요하다는 사실을 배웠다. 그리고 4단계를 열심히 실천하였다.

1. 해묵은 습관의 원인을 캤다.
2. 정말로 원하는 것이 무엇인지를 깨달았다.
2. 새로운 습관을 꾸준히 반복했다.
4. 보상을 통해 새로운 행동을 긍정적으로 강화하여 자리매김했다.

덕분에 이제 행복에 성큼 더 다가갔고 더욱 만족스러운 삶을 살 수 있게 되었다. 행복이란 것이 결국은 당신 손에 달렸다는 사실을 깨달았을 테니까 말이다. 진심으로 축하한다!

하지만 세상만사가 그렇듯 만족과 행복도 당연한 상태는 아니다. 시간이 가면 욕망도 변하는 법이다. 그래서 언젠가는 다시 불만스럽고 불행한 상황이 찾아올 것이다. 자신감이 떨어지고 자책에 시달리는 상황이 올 수 있다. 그러므로 목표에 도달했다고 해서 마음을 놓을 것이 아니라 평생 마음을 다잡고 자신의 욕망과 바람을 살펴야 한다. 자신의 사고방식과 행동방식을 쉬지 않고 점검할 필요가 있는 것이다.

이제 우리는 오래오래 행복하고 만족스러운 삶을 살 수 있으려면 어떻게 해야 할지를 알아볼 것이다. 수면, 운동, 영양, 스트레스 관리 등 몸과 마음에 큰 영향을 미치는 모든 분야를 두루 살필 것이다. 주제마다 수없이 많은 조언이 쏟아지고 있지만 여기서는 개인적으로 알 필요가 있고 유익하다고 생각되는 정보들을 모아 소개할 생각이다. 그러니까 매일의 정신 위생을 위한 나만의 심리교육인 셈이다.

요가에선 몸과 마음을 하나로 본다. 특정한 신체 훈련으로 등 통증을 완화할 수 있을뿐더러 마음도 편안해질 수 있다는 뜻이다. 거꾸로 생각하면 머리가 생각으로 가득 차고 스트레스가 지나치면 몸도 긴장을 풀 수가 없다. 당연히 어깨가 뭉치고 목이 뻣뻣해진다. 이런 몸과 마음의 상호작용은 습관의 변화를 꾀할 때도, 행복하고 만족스러운 삶을 추구할 때도 매우 중요한 교훈이다. 몸만, 마음만 따로 떼어 훈련해서는 안 된다는 사실을 일깨워주기 때문이다. 몸과 마음, 그 둘은 하나이다.

질병이나 불만의 원인을 알면 그에 대처하기도 쉽다. 아는 것이 힘이다. 원인을 알면 해결도 쉽다. 건강 문제에서도 마찬가지이다. 정신과나 심리치료에선 '심리교육'을 치료의 중요한 부분으로 생각한다. 질병 원인과 예방책을 알려주어 환자를 교육하는 과정이니까 말이다. 심리교육에서는 무엇보다 이해와 책임 있는 대처가 중요하다.

하지만 굳이 아플 때까지 기다릴 이유가 무엇인가? 예방은 항상 치료보다 나은 대안이다. 심리 질환이 없다 해도 우리는 자신의 정신 건강을 위해 충분히 노력할 수 있다. 스트레스나 불안에 잡아먹히고 싶은 사람은 없다. 열심히 노력하여 습관과 행동 변화를 일구어낸 지금이야말로 몸과 마음의 건강에 관심을 쏟을 적당한 시점일 것이다. 어떻게 하면 마음을 어루만질 수 있을지 배워보자.

작은 행동이야말로 웰니스의 지름길

우리는 늘 스트레스에 시달리고 시간에 쫓기느라 진정으로 바라던 삶을 놓치며 산다. 그래서 습관을 점검하고 행동 변화를 꾀할 시간이나 에너지가 없을지도 모른다.

스트레스는 만족의 킬러이다. 이럴 때도 작은 변화, 작은 루틴이 다람쥐 쳇바퀴에서 빠져나오도록 도움을 줄 것이다. 적은 노력이 큰 차이를 낳는다. 그건 면역체계에도, 몸의 건강과 활력에도, 나아가 정신 건강에도 해당하는 사실이다.

우리가 먹고 마시고 생각하고 말하고 행동하는 모든 것이 마음에 영향을 미친다. 당신의 작은 행동이 웰니스(웰빙과 피트니스를 합친 신조어-옮긴이)의 지름길이 될 수 있다. 스트레스가 심한 날 사우나를 하거나 마사지를 받을 시간이 없다고 해도 생각과 말과 행동이 사우나 못지않은 스트레스 해소 효과를 발휘할 수 있다. 잊지 마라. 당신의 에너지 자원은 무한하지 않다. 주기적으로 연료 탱크를 채워주어야 한다.

하지만 스트레스에 시달리다 보면 그 사실을 잊어먹고 몸과 마음이 힘든 데도 자꾸만 자신을 채찍질하게 된다. "쉴 시간이 어디 있어?" "지금 밥 타령할 때야?" "잠잘 시간이 없어." 이런 핑계를 대면서 말이다. 그러다 보면 언젠가는 연료가 떨어질 것이고 당신은 결국 그 자리에 주저앉고 말 것이다. 그러니 자신의 에너지 수위가 어느 정도인지를 늘 살펴야 한다. 에너지가 있어야 스트레스도 이기고 일상을 살아갈 수 있지 않겠는가? 에너지가 많을수록 열정과 행복도 커진다. 머리도 맑고 호기심도 커서 새로운 것에 도전할 마음이 생길 것이다.

건강의 첫 단추,
잠이 보약이다

⋮

　건강의 첫 단추부터 잘 끼워보자. 예로부터 잠이 보약이라는 말이 있다. 잠이 얼마나 중요한지는 수면 부족이 질병을 일으킨다는 사실에서도 잘 알 수 있다. 잠이 모자라면 일단 짜증이 나고 도통 집중이 안 되며 피곤해서 죽을 것 같다. 게다가 수면이 부족하면 탄수화물 대사가 나빠지고 혈당이 올라가며 갑상선호르몬 생산이 줄어들고 혈관의 스트레스 호르몬 코르티솔 수치가 높아진다.

　이런 변화는 당뇨병 초기 단계와 비슷하다. 미국 학자들이 건강한 사람을 대상으로 야간 근무 조건을 모의실험하였다.[35] 즉 실험 참가자들을 3주 동안 하루 5.35시간만 재웠고 밤과 낮의 리듬을 뒤바꾸었다. 그랬더니 신체 에너지 신진대사에 문제가 생겼다. 참가자들이 수면 부족과 그로 인한 피로감을 해소하려고 칼로리 섭취를 높인 것이다. 다시 말해 지방과 탄수화물이 많은 음식을 평소보다 많이 섭취하였고 결국엔 몸무게까지 늘었다. 수면 부족의 악영향은 신진대사와 호르몬 생산에 그치지 않고 심리에도 나쁜 영향을 미친다. 장기간 수면 부족에 시달리는 사람들은 잘 놀라고 의심이 많고 화를 잘 낸다. 뇌의 감정센터가 중요한 정보와 그렇지 않은 정보를 잘 구분할 수가 없기 때문이다. 이렇듯 별것 아닌 자극에도 감정적으로 반응을 하다 보니 사회성이 떨어질 수 있다. 그래서 수면 부족과 고독의 상관관계를 연구한 사례도 있다.[36]

수면 부족은 건강에 심각한 영향을 미칠 수 있다. 한마디로 삶의 질을 떨어뜨린다. 잠을 안 재우는 고문이 왜 있겠는가? 그만큼 수면이 중요하다. 잠이 잘 드는 것도 중요하지만 도중에 깨지 않고 푹 자는 것도 중요하고 아침에 개운하게 일어나는 것도 중요하다. 다음은 건강한 수면에 관한 몇 가지 조언이다.

자신만의 생체리듬을 파악하자

수면 의학자들은 일고여덟 시간이 가장 적당한 수면시간이라고 권장한다. 하지만 당연히 잠도 개인에 따라 차이가 있다.

나폴레옹은 하루에 네 시간만 잤다고 한다. 나머지 시간은 유럽 정복에 쏟았다. 알베르트 아인슈타인은 하루 열네 시간을 잤다고 한다. 그래도 상대성이론으로 물리학 혁명을 일으켰다. 수면시간의 길고 짧음은 중요한 것이 아니다. 아침에 개운하게 일어날 수 있을 만큼 충분히 자는 게 중요하다.

수면시간 못지않게 활력이 넘치는 시간도 사람에 따라 다르다. 흔히 말하는 아침형 인간과 저녁형 인간이 그것이다. 물론 남과 밤, 빛과 어둠이 번갈아가며 생체리듬을 정하지만, 인간은 진화를 거치면서 '내인성 리듬 endogenous rhythm'도 함께 키워왔다. 우리 모두에겐 내면 시계가 있는 것이다.

이런 내면 생체시계는 간뇌에 있는 시교차 상핵이라는 이름의 작은 세포 덩어리이다. 이 신경세포들이 우리 기관의 휴식 시간과 활동 시간을 조절하는 신호를 보낸다. 물론 내면 시계도 어둠과 빛을 인지하기는 한다. 하지만 우리의 내면 시계는 스물네 시간 박자로 계속 달리면서 언제 피곤하고 언제 정신을 차릴 것인지를 지령한다. 따라서 장시간 비행기를 타고 내리면 시차를 극복하기까지 적응 시간이 필요한 것이다. 바로 그럴 때 우리는 내면 시계 영향력을 절감하게 된다. 그 리듬을 거슬러 억지로 자고 억지로 일하지 마라. 자신의 수면시간이 어느 정도인지, 언제가 적절한 수면시간인지를 파악하라. 그리고 그 시간을 잘 지켜 자고 일어나도록 하자.

수면시간뿐 아니라 주변 환경도 잘 맞아야 한다. 스트레스가 심한 날 스트레스 해소에 도움이 되는 것이 있는가? 친구들을 만나 신나게 떠들고 나면 기분이 좋아지는가? 아니면 혼자 조용히 저녁 산책을 하는 게 더 좋은가? 텔레비전이나 독서는 어떤가? 술이나 차는 수면에 어떤 영향을 주는가? 달리기를 하고 나면 바로 잠이 온다는 사람들도 있지만, 반대로 밤에 운동하면 정신이 맑아져서 오히려 잠이 더 안 온다는 사람들도 있다.

당신의 몸이 어떤 신호를 보내는지 알아내자. 자신의 욕구를 느낄 줄 알아야 한다는 말이다. 아침에 일어날 때도 마찬가지이다. 나는 아침에 시끄러운 알람 소리를 듣고 일어나는 게 좋지 않다. 당신은 어떤가? 당신의 경우는 자리에서 일어나기 전에 10분 정도 창밖을 내다보며 정신을 차려야 하는 스타일일 수도 있다. 이렇게 저렇게 테스트해서 자신의 수면 루틴을 찾아내자. 편안한 잠은 밤이 선물한 휴가와 다름이 없다.

그러려면 건강한 수면 환경을 조성해야 한다. 조금만 테스트해보면 잠자기 전에 어떤 것이 좋고 나쁜지를 금방 알 수가 있다. 야식이나 술, 커피는 대부분 수면을 방해한다. 환경도 중요하다. 자기 전에는 침대에서 텔레비전을 보거나 공부를 하거나 일을 하지 말아야 한다. 말다툼은 더 말할 나위가 없다. 침대는 수면과 사랑을 위한 공간이다. 알람시계 빛도 거슬릴 때가 많다. 굳이 자다 깨서 몇 시인지 계속 확인할 이유가 무엇인가? 빛에 예민하다면 블라인드나 암막 커튼으로 방을 어둡게 하자. 안대를 쓰면 아침햇살이 비쳐도 푹 잘 수 있어서 좋다. 소음도 추방 대상이다. 너무 주변이 시끄러울 때는 귀마개를 사용하자. 좋은 매트리스도 절대 양보할 수 없는 조건이다. 이불과 요도 중요하다. 인간에 하룻밤에 최고 700밀리리터까지 땀을 흘린다고 하니까 말이다.

이 모든 노력에도 여전히 아침에 일어나기가 힘들다면 다음 몇 가지 방법으로 늦잠꾸러기 신세를 면해보자.

늦잠꾸러기
탈출하기

알람을 조금 당겨 맞춘다

잘못 들은 게 아닌가 싶겠지만 일찍 일어나면 허둥대지 않고 차분히 출근 준비를 할 수 있다. 더구나 평소보다 2~30분 일찍 일어나면 일어나기가 덜 괴로운 수면 단계에 있을 가능성이 크다.

아침 몸 상태는 어떤 수면 단계에서 알람이 울리느냐에 크게 좌우된다. 깊은 수면 상태에 있는 몸은 좀처럼 정신을 차리기가 힘들다. 그래서 잠을 충분히 잤어도 그때 일어나면 몸이 찌뿌둥하고 피로할 것이다. 하지만 뇌가 활동 중인 수면 단계에 있을 때는 눈을 떠도 기분이 훨씬 좋다. 한번 시험해보라.

침실로 빛을 들이자

아침에 일어나기가 힘들다면 침실 커튼을 다 치지 않고 남

거두는 것도 방법이다. 아침 햇살이 눈꺼풀에 떨어지면 뇌는 수면 호르몬 멜라토닌의 생산을 중단한다. 그럼 뇌가 일어날 시간이 되었다고 몸에 신호를 보낼 것이다. 시간이 갈수록 점점 더 환해지는 빛 알람도 편안한 기상에 도움을 줄 수 있다.

기지개를 켜고 하품하라

일어나자마자 한껏 기지개를 편다. 몸을 스트레칭하면 혈액순환이 빨라진다. 자동으로 하품도 나올 것이다. 몸이 근육에 신선한 산소를 공급하려는 조처이다. 창문을 열고 뒷마당 쓰레기통이 깜짝 놀랄 정도로 크게 하품을 하자. 뇌의 혈액순환과 신진대사를 도울 것이다.

냉온 요법

아침 샤워를 할 때 먼저 발, 다리, 상체, 얼굴, 목 순서로 따뜻한 물로 적신 후 찬물로 바꾸어 같은 순서대로 몸을 적신다. 이 과정을 여러번 반복하면 혈액순환과 신진대사가 활발해진다.

운동은 몸뿐 아니라, 마음에도 좋다

:

운동이 몸에 좋은 건 더 말할 필요가 없다. 운동하면 심장이 빨리 뛰고 전달물질이 분비되며 체온이 오르고 세포 교체가 촉진되며 병든 조직이 치유되고 유전물질이 고쳐지며 노화 과정이 느려져 생물학적 노화의 속도가 늦추어진다. 특히 달리기나 수영 같은 지구력 운동의 효과가 크다. 운동은 신체 효과와 더불어 심리에도 긍정적인 영향을 미친다. 또 두뇌활동을 개선하고 기분을 좋게 해주며 능력을 끌어올려 자기효능감을 개선한다.

무엇보다도 운동하면 뇌가 건강해진다. 운동은 단기적으로도 장기적으로도 인지 능력을 개선한다. 우리 두뇌 능력을 끌어올린다는 말이다. 특히 운동은 기억력과 학습 능력을 최적화한다. 파킨슨과 알츠하이머 환자들을 대상으로 한 연구 결과로도 확인된 사실이다. 운동이 두뇌에 새로운 신경길을 만들기 때문이다. 이유는 명확히 밝혀지지 않았지만, 운동이 생각을 작동시키고 정신을 깨우는 것이다. 아마 신체 활동을 하면 두뇌에 혈액순환이 잘 되어서 에너지와 산소 공급이 원활하기 때문으로 추정된다.[37] 심지어 운동하고 나면 시야가 밝아지고 생각이 초롱초롱해지는 기분이 들 때도 많다.

울름 대학교의 실험 결과를 보면 규칙적인 운동은 공간사고와 집중력에 긍정적인 영향을 미친다.[38] 일흔다섯 명의 실험 참가자를 두 집단으로 나누어 한쪽 집단은 17주 동안 일주일에 세 번 달리기를 시켰다. 나머지 집단은 게으름을 피우도록 내버려 두었다. 실험 전, 실험 도중, 실험 후에 여러 가지 테스트를 한 결과, 운동한 집단이 비교집단보다 공간 상상력과 집중력이 월등히 개선되었다. 운동한 집단은 자극을 더 빠르고 효율적으로 처리하였다.

학자들은 그 이유를 규칙적인 신체 활동이 전달물질 도파민의 분해 속도를 느리게 하기 때문이라고 추정한다. 도파민은 두뇌의 중요한 인지과정에 꼭 필요한 물질이다. 그래서 도파민 함량이 떨어지면 집중력이 떨어진다. 이렇듯 운동이 도파민 분해 속도를 느리게 한다면 달리기를 하면 똑똑해진다는 뜻도 되는 걸까? 학자들은 그렇다고 대답한다. 물론 아무리 지구력 운동이 두뇌 잠재력을 끌어올린다고는 해도 달리기만 해서는 단어를 술술 외울 수는 없겠지만 말이다.

운동은 또 두뇌 크기를 키울 수도 있다. 운동이 두뇌 성장의 비료이기 때문이다. 운동하면 신체는 뉴로트로핀을 분비한다. 이것은 새로운 신경세포를 형성하고 기존 신경세포의 연결을 강화하는 화학 물질이다. 그런 물질은 단백질 BDNF brain-derived neurotrophic factor (뇌 유래 신경영양 인자)인데, 혈중 BDNF 함량이 많은 사람은 그렇지 않은 사람보다 해마 크기가 더 크다. 해마는 감정과 기억을 조절하는 뇌 부위이다. 해마가 없다면 우리는 아마 아무것도 기억할 수 없을 것이다. 정상적인 노화 과정에선 수많은 신경세포가 죽고 해마다 쪼그라들어 기억이 나빠진다. 그러니 노화를 막기 위해서도 달리기는 매우 유익한 신체 활동일 것이다.

운동은 마음에도 좋다. 연구 결과들을 보면 신체 활동의 긍정적 영향력은 두뇌 능력에 그치지 않고 우리 정서에까지 뻗어나간다. 가령 우울증 환자의 경우 운동이 약품과 비슷한 효과를 발휘할 수 있다. 항우울제 못지않은 긍정적 영향을 환자에게 줄 수 있다는 말이다. 운동은 우울증 증상을 완화하고 기분을 밝게 하며 행복감을 높인다.

이것은 200명 이상의 우울증 환자를 대상으로 한 미국의 실험 결과에서 밝혀진 사실이다.[39] 실험 참가자들은 네 개의 집단으로 나뉘었다. 첫 번째 집단은 일주일에 세 번 전문가에게 달리기 훈련을 받았다. 두 번째 집단은 전문가의 지도 없이 집에서 훈련했다. 세 번째 집단은 항우울제를 먹었고 네 번째 집단은 플라시보 약품을 복용했다. 16주 후 첫 번째 집단의 우울증 증상은 약을 먹은 집단보다 훨씬 줄어들었다. 집에서 운동한 집단도 전문적인 지도를 받지 않았어도 증상이 훨씬 나아졌다.

운동을 통한 심리적 안정에는 자기효능감Self efficacy도 큰 역할을 한다. 미국 심리학자 앨버트 밴듀라는 자기효능감을 '자신이 가진 능력으로 적절한 행동을 하여 주어진 목표를 추구할 수 있다는 믿음과 확신'이라 정의한다. 자신의 행동으로 무언가 이룰 수 있다고 믿는다면 자기효능감이 높은 사람이라는 뜻이다. '통제 확신'이라는 말을 쓰기도 하는데, 이것은 외부 상황과 다른 사람들 혹은 우연에 좌우되지 않는다는 기분을 말한다. 이런 감정은 안정감을 선사한다. 운동과 연관해보면 규칙적으로 운동할 때, 긍정적인 효과로 인해 자기효능감이 높아진다는 말이다. 뭔가 해낼 수 있다는 이런 감정은 신체 활동과 일반적인 심리 안정의 상관관계에서도 중요한 요인이다. 그러니 소파에서 일어나 밖으로 나가보자.

별스러워야 운동인 건 아니다

사실 우리의 일상이 곧 운동이 될 수 있다. 자전거를 타고 출근을 하거나 버스를 몇 정거장 앞에 내려서 걸어간다. 엘리베이터 대신 계단을 오르고 집안 곳곳을 쓸고 닦으며 텃밭을 가꾸고 장을 본다. 이 모든 일이 운동이 될 수 있다. 게으르게 소파에서 뭉개지 않는 모든 시간은 곧 운동이 된다.

우리 목표는 올림픽 출전이 아니다. 이를 악물고 아침마다 달리기를 해야 할 이유가 없다. 출근을 서둘러 회사까지 걸어가기만 해도 당신의 건강한 두 다리가 얼마나 대단한 일을 해낼 수 있는지 감탄하게 될 것이다. 혼자 걷기 싫으면 친구랑 카페에서 수다 떨지 말고 둘이 같이 산책하거나 탁구 한 게임할 수도 있다. 운동을 고된 훈련이라 생각하지 말고 즐거운 오락이나 소일거리로 생각하자.

자신에게 맞는 운동을 찾았다 해도 너무 서두르지는 말자. 오늘 당장 운동장 열 바퀴를 뛰겠다는 욕심은 금물이다. 어느 정도 시간과 강도가 자신에게 맞는지 주의 깊게 살펴야 한다. 몸의 소리에 귀를 기울이고 흘려듣지 말아야 한다. 조금 더 빨리 뛰는 게 좋을까? 아니면 이쯤에서 쉬는 게 좋을까? 피곤하고 기운이 없는가? 배가 고픈가? 몸은 늘 우리에게 신호를 보낸다. 다만 우리가 허둥대며 사느라 그 신호를 제때 파악하지 못할 뿐이다. 보디 스캔 명상법 같은 마음챙김 공부가 몸의 말에 귀 기울일 수 있도록 도와줄 것이다.

몸의 소리에 귀 기울이는 훈련을 자주 하다 보면 자기 몸을 있는 그대로 받아들이기도 수월해진다. 왜 굳이 다이어트를 하려 하는가? 날씬하지 않아도 행복하고 만족할 수 있다. 운동은 살을 빼기 위한 고난도 도구가 아니다. 신나게 노는 아이들을 가만히 지켜보라. 아이들을 온종일 뛰어다녀도 지칠 줄 모른다. 근육을 단련하거나 살을 빼려고 뛰어다니는 것이 아니라 그저 즐겁고 신이 나서 뛰어놀기 때문이다.

운동을 성과의 수단으로 삼지 마라. 강도를 너무 세지도 너무 약하지도 않게 잘 조절하여 자신에게 맞는 수위를 찾아보자. 그래야 편안한 마음으로 운동을 할 수 있다.

운동할 때면 어떤 기분이 드는지 살펴보자. 운동이 괴롭고 힘들고 고단한 일이라는 생각이 들거든 다시 한번 동기를 따져 물어야 한다. 살을 빼기 위한 운동인가? 좋아서 하는 운동인가? 동기가 바람직하면 자동으로 운동이 즐거울 것이고 누가 뭐라고 하지 않아도 절로 오래오래 운동할 것이다. 당연히 운동을 하루 걸렀다고 양심의 가책을 느끼지도 않을 것이다.

7-4

해피푸드, 최고의 우울증 치료제

⋮

음식은 자동차의 연료와 같다. 연료가 없으면 자동차가 움직이지 못하듯 음식을 먹지 않으면 우리 몸은 작동할 수 없다. 또 자동차마다 연료의 종류가 다르듯 우리 몸도 아무것이나 마구 처넣어서는 안 된다. 무엇을 먹느냐는 물론이고 언제 어떻게 먹느냐도 중요하다. 음식은 건강에도 좋아야 하지만 맛도 좋아야 하고 힘을 주어야 하며 행복을 선사해야 한다. 음식이 에너지 수위에만 영향을 미치는 것이 아니라 정서에도 영향을 미치기 때문이다.

캘리포니아 대학교 에머런 메이어 교수는 한 인터뷰에서 심리 문제 원인이 머리나 두뇌 바깥에 있는 경우는 매우 드물지만, 앞으로는 정서적 문제를 살필 때 소화기도 함께 고려해야 할 것이라고 주장했다.[40] 그는 신경소화기내과학의 선도적인 학자이다. 그러니까 그는 두뇌와 소화기의 상호작용을 연구한다. 특정 식사 패턴이 심리 문제를 촉진한다고 의심한다.

신선한 먹거리로 완전한 영양을 섭취하는 사람은 기름에 튀긴 음식이나 백밀 제품, 단것을 주로 먹는 사람보다 우울증에 걸릴 위험이 낮다는 사실은 많은 연구 결과가 입증한다. 물론 아직 그 둘의 인과관계가 명확히 밝혀진 것은 아니지만 적어도 통계상으로는 영양과 우울증 증상은 상관관계가 있다.[41]

음식이 몸과 마음에 미치는 영향은 매우 복잡한 사안이다. 하지만 과일과 채소, 통곡식품, 생선과 식물성 기름이 유익하다는 것은 누구나 아는 사실이다. 따라서 나는 음식이 정신 건강에 미치는 영향과 관련하여 몇 가지 의외의 사실을 설명해보려 한다. 흔히 '해피푸드'라 부르는 식품의 내용물을 따져보고 위장의 역할과 박테리아, 금식에 대해도 살펴볼 것이며, 무엇보다 음식을 즐기라는 말을 빼놓지 않을 것이다. 그러기 위해 음식이 만족에 어떤 영향을 미치는지도 살펴보려 한다.

음식이 정말 기분을 풀어줄까?

초콜릿을 먹으면 행복해질까? 이론적으로는 그렇다. 음식에 든 특정 내용물이 뇌에 영향을 주니까 말이다. 신경학자 페르

난도 고메스 피니야는 한 걸음 더 나아가 음식이 뇌에 미치는 영향을 약품과도 비교할 수 있다고 주장한다.[42] 안타깝게도 효과는 오래가지 못한다. 뇌에 긍정적 영향을 미쳐 기분을 풀어주는 화학 성분은 트립토판, 오메가3 지방산, 폴산, 비타민 B3와 B6, 칼륨, 생강과 칠리에 든 캡사이신이 대표적이다.

트립토판은 필수 아미노산이다. 그 말은 우리 몸이 자체적으로 생산을 하지 않아서 음식을 통해 섭취해야 한다는 뜻이다. 중추신경계가 행복 호르몬 세로토닌을 생산하자면 이 트립토판이 필요하다. 세로토닌 함량이 낮으면 기분이 오락가락하고 마음이 편치 않다. 또 뇌에 세로토닌이 너무 적으면 신경세포들 사이에 자극 전달이 제대로 안 된다. 따라서 충분한 양의 트립토판을 섭취하도록 늘 신경 써야 한다. 트립토판은 항상 단백질과 결합한 형태로 식품에 들어 있다. 따라서 생선, 고기, 달걀, 치즈는 물론이고 콩, 견과류, 곡물 등 단백질 함량이 높은 동식물성 식품을 많이 먹도록 노력하자.

오메가3 지방산(청어, 연어, 고등어, 호두, 키위 등에 많이 들어 있다) 역시 두뇌와 기분에 긍정적인 작용을 한다.[43] 학계에선 불포화 오메가3 지방산이 신경세포를 활성화하여 두뇌 유연성을 촉진한다고 본다.[44] 이 지방산이 약품처럼 심리 질환을 막아줄 수 있을까? 불포화지방산을 8주 동안 별도로 먹었더니 중등도

경계성 장애 환자의 공격성과 우울 증상이 완화되었다는 연구 결과가 있다.[45] 하지만 버터나 빵, 패스트푸드에 든 포화 지방산은 주의해야 한다. 포화 지방산은 소화가 잘 안 되고 신진대사의 속도를 떨어뜨려 혈중 콜레스테롤 수치를 높이므로 몸을 피곤하게 만든다.

물론 감자튀김이나 햄버거, 피자처럼 지방과 탄수화물 결합은 행복감을 불러온다. 이 둘의 결합이 진화를 거치면서 두뇌의 보상 메커니즘을 불러내왔기 때문이다. 우리 조상들은 지방과 탄수화물을 배불리 먹지 못했다. 그래서 이 둘이 결합하면 절로 행복감이 솟구치고, 기름진 음식이 넘쳐나는 지금도 우리 몸은 아직 그 습성을 버리지 못한 것이다.

또 하나 빼놓을 수 없는 정신 건강의 주춧돌은 폴산이다. 폴산 결핍은 신경장애를 일으킬 수 있다. 3년 동안 폴산을 추가로 복용했더니 노화로 인한 뇌 기능 저하가 개선되었다는 연구 결과도 있다.[46] 폴산은 시금치나 브로콜리 같은 초록 식물에 많이 들었지만, 오렌지즙이나 효모에도 들어 있다. 비타민은 열, 빛, 산소에 약하므로 폴산 제품은 조심히 보관해야 한다.

행복을 선물하는 또 다른 식품은 칠리와 생강이다. 매운맛이 신경을 자극하여 뇌에서 엔도르핀이 분비되기 때문이다. 당연히 초콜릿도 행복을 준다. 초콜릿은 위로나 보상에 유익하다. 우리 두뇌는 초콜릿과 보상의 결합을 저장해두었다가 보상센터를 거쳐 도파민을 분비한다. 좋아하는 식품을 먹기만 해도 이런 메커니즘이 활성화된다. 물론 행복 호르몬 효과가 오래가지는 못하지만 그래도 먹으면서 행복할 수 있으니 이 얼마나 즐거운 일인가.

그렇다면 소화되는 동안 음식의 행복 성분들은 어떤 일을 겪게 될까? 많은 신경소화기내과 학자들은 확신한다. 머리뿐 아니라 배도 우리의 기분을 좌우한다고 말이다. 장 신경계는 두뇌와 척수와 함께 우리 몸에서 가장 중요한 신경계 중 하나이다. 장벽에 분포된 1억 개가 넘는 신경세포를 통해 두뇌 감정센터로 곧바로 신호가 송출되기 때문이다. 이렇듯 우리 기분은 장 상태에 따라서도 달라진다. 장은 양분을 혈관으로 보내기도 하지만 뭔가 문제가 생겼을 때 즉각 뇌에 피드백을 해준다. 아마 모두 'hangry'(hungry+angry, 배가 고파서 화가 나는 상태를 뜻하는 신조어-옮긴이)의 기분을 잘 알 것이다. 배가 고프면 기분이 나빠진다. 공복감이란 결국 따지고 보면 최대한 빨리 이 상태를 바꾸어달라는 소화기 신호이다. 그래서 우리가 허겁지겁 음식을 먹고 나면 장은 다시 "이제 배불러. 내 말을 들어줘서 고마워!" 하고 신호를 보낸다. 그럼 뇌가 그 만족감을 인지한다. 장과 감정센터가 얼마나 긴밀한 사이인지는 미국에서

허가받은 우울증 치료법인 '미주신경자극vagus nerve stimulation, VNS'만 보아도 잘 알 수 있다. 배와 머리를 연결하는 신경에 전기 자극을 가하면 치료가 잘 먹히지 않는 우울증 환자도 기분이 좋아질 수 있다. 또 우울증 환자는 포만 및 식욕과 관련이 있는 장 호르몬이 엉망이라는 관찰 결과도 있다. 그것이 우울증의 원인인지 결과인지는 명확하지 않다. 어쨌든 끼니를 잘 챙기고 몸에 좋은 식품을 먹는 좋은 습관을 차근차근 들여나갈 필요가 있다.

장내세균도 행복에 책임이 있다. 우리 장에 사는 세균은 10억 마리가 넘고 그 무게를 합하면 최고 2킬로그램에 달한다고 한다. 이 세균들도 우리 기분에 영향을 줄 수 있다. 이 녀석들은 신호 물질을 이용해 장벽 신경을 거쳐 인간 숙주, 즉 우리와 소통을 한다. 장벽 신경이 미주신경을 통해 메시지를 두뇌로 수송하는 것이다. 우리 기분도 장내세균 영향을 받을 수 있는 걸까? 아마 그럴 것이다. 영국에서 실험한 결과를 보면 3주에 걸쳐 특수 프로바이오 유제품을 마시게 했더니 평소 기분이 안 좋던 사람들의 기분이 좋아졌다고 한다.[47]

단식해서 잠깐 장을 비우면 유익하다고 말하는 사람들이 많다. 독일 금식 치료 창시자인 오토 부힝거의 치유법은 일시적으로 채소즙과 미음만을 허용한다. 섭취량도 하루 약 250킬로

칼로리이다. 이런 식으로 4~21일 단식을 하면 혈압과 혈당은 물론이고 혈중 지방 수치가 떨어지고 몸과 마음이 편안해진다. 단식 팬들은 단식기간 동안 기분이 좋아진다고 강조한다. 금식을 하면 몸에서 엔도르핀, 도파민, 세로토닌 같은 기분이 좋아지는 물질이 분비되기 때문이다. 그것이 축 처져 침대에만 누워 있지 말고 일어나 음식을 찾아 나서게 만들려는 뇌의 잔꾀인지는 아직 확실한 결론이 나지 않았다. 어쨌든 며칠 이상 고체식을 중단할 때는 반드시 의사와 상의가 필요하지만, 단기간 단식은 건강한 식습관을 시작할 수 있는 일종의 '리셋'이 될 수도 있다.

식사는 곧 사랑이다

식사는 몸도 마음도 살찌운다. 즐겁기 때문이다. 식사는 단순한 영양 섭취 시간으로 그치지 않는다. 아기들도 식사가 긍정적 감정과 함께 온다는 사실을 경험한다. 식사는 곧 사랑이요 정이다. 이런 사랑과 정을 우리도 다시 느껴볼 수 있다. 식사를 즐길 수 있다면 말이다. 너무 바쁜 날에는 식사에 투자할 시간이 없을 것이다. 얼른 먹고 일어나 다시 일할 생각에 밥이 코로 넘어가는지 입으로 넘어가는지 모른다. 그러니 좀 여유가 있는 날을 골라 한껏 식사 시간을 즐겨보도록 하자. 일단 조리에도 공을 들인다. 친구들을 불러 같이 요리를 하거나 좋아하는 노래를 틀어놓고 식사 준비를 해보자. 요리를 이벤트로 만드는 거다. 완성된 음식은 차림새에도 신경을 써보자. 손님 대접할 때 쓰려고 찬장에 고이 모셔둔 예쁜 접시도 꺼내보자. 꽃이나 초로 식탁을 장식해도 좋다. 식사를 하기 전에는 감사 시간을 갖는다. 이 음식이 여기 이 식탁으로 오기까지 농부는 씨를 뿌려 수확했을 것이고 유통업자는 열심히 수송하고 진열하고 계산을 했을 것이다. 모든 이들의 노고에 감사하자.

무엇을 먹느냐도 중요하지만 어떻게 먹느냐도 그 못지않게 중요하다. 물론 우울증 원인이 오로지 건강하지 못한 음식이라고 말할 수는 없다. 유전적 소인이나 환경 영향 같은 다른 여러 가지 요인이 함께 작용한다. 하지만 이 다른 요인들은 대부분 우리가 어쩔 수 없는 것들이다. 식사는 다르다. 식사는 우리 선택이다. 건강한 식사를 통해 몸과 마음의 건강을 지켜보자.

마음챙김으로
스트레스를 날리자

·
·
·

스트레스는 현대 성과 사회의 가장 큰 특징이다. 우리는 꽉 찬 일정을 쫓아 달리고, 친구와 가족과 직장을 모두 다 만족시키려 애쓰며 그런 자신의 노력이 인정받기를 기대한다. 하지만 우리 주변 사람 모두가 스트레스에 시달리기에 그게 큰 문제라고 생각하지 못하며 산다. 심지어 스트레스는 신분 상징이다. 스트레스가 심한 사람은 할 일이 많은 사람이고, 그만큼 중요한 사람이다(당연히 그건 잘못된 생각이다. 스트레스가 없어도 당신은 그 자체로 중요한 사람이다). 스트레스가 정상 상태가 되어버린 것이다.

진화사적으로 볼 때 스트레스는 원래 위기에 대처하는 상비약이다. 아드레날린과 코르티솔 같은 호르몬은 비상사태에 대비하여 맥박을 빠르게 뛰게 하고 혈압을 높이고 근육을 긴장시키며 감각을 날카롭게 만든다. 그러니까 이런 '투쟁 혹은 도피 반응'은 위험한 상황에 반사적으로 대응하여 생존을 보장하려는 보호 메커니즘인 것이다. 가령 갑자기 다른 차가 앞으로 끼어들 때 당신이 순간적으로 브레이크를 밟을 수 있는 것도 다 이런 메커니즘 덕분이다. 이처럼 스트레스는 압박감을 이기고 당신이 무사히 살아남을 수 있도록 도와준다. 하지만 그러자면 당연히 엄청난 에너지가 들 것이기에 한정된 시간에만 도움이 된다.

만성 스트레스는 병을 유발한다. 심장 순환계 질환, 등 통증, 위궤양, 수면장애, 천식, 만성 두통, 우울증이 대표적인 '스트레스 질환'이다. 스트레스는 중독을 일으킬 수도 있다. 스트레스가 심하면 아무래도 건강에 해로운 행동을 자주 하게 될 것이기 때문이다.

그러니까 아무리 봐도 우리의 신경계는 21세기 스트레스 요인을 미처 예상치 못했던 것 같다. 2016년 여론조사 기관 포르사의 설문조사 결과를 보면 독일 사람들은 거의 세 명에 한 명꼴로 번 아웃을 느꼈다고 대답했다. 당연히 이런 기분이 몸과 마음의 건강에 영향을 미치지 않을 수 없다. 가끔 스트레스를 느끼는 사람은 16퍼센트만이 심리 질환을 앓았지만 자주 스트레스를 느끼는 사람들은 절반가량이 지난 3년 동안 심

리 질환을 앓았다고 대답하였다.[48]

스트레스 연구에선 '스트레스' 개념을 내적인 방해 자극은 물론이고 외적 방해 자극, 즉 스트레스 요인으로 인한 내적 균형의 위험으로 본다. 외적인 자극으로는 업무 부담, 쫓기는 마감 시간, 시험 압박, 소음, 고독, 경제적인 문제 등을 꼽을 수 있을 것이다. 스트레스는 우리가 직접적으로 영향을 미칠 수 없다고 생각되는 것들로 인해 생겨날 때가 많다. 그래서 우리는 문제가 해결되면 스트레스도 절로 사라질 것이라고 믿는다. 하지만 실제로는 그렇지 않다. 삶은 늘 새로운 도전을 준비해두고 있기 때문이다.

여기서 더 중요한 것은 이런 각종 문제에 대처하는 우리 자세이다. 압박감은 밖에서만 오는 것이 아니라 우리 안에서도 온다. 스트레스 인식과 그에 대한 반응은 우리가 바꿀 수 있다. 따라서 스트레스에 대한 인식과 반응을 바꿀 수 있는 몇 가지 전략과 기술을 소개할까 한다. 어쩌면 당신도 '잊힘의 즐거움Joy of Missing Out, JOMO', 자발적 고립의 행복을 발견할 수 있을지 모르겠다. 세상 모든 커플의 결혼식에 쫓아다닐 수는 없지 않겠는가? 스트레스는 예외 상황이지 지속적 상태가 되어서는 안 된다.

잊히는 즐거움을 누리자

스트레스 요인을 정확히 알아야 대처법도 배울 수 있을 것이다. 사실 조금만 주의 깊게 살피면 스트레스를 주는 많은 요인이 충분히 피할 수 있는 것들이다. 가령 업무마다 시간이 빠듯해 허둥댄다면 애당초 일정을 조금 여유 있게 잡고 하루를 조금 더 조리 있게 계획하고 거절을 많이 하면 금방 좋아질 수 있다. 자신이 할 수 있는 최대치를 너무 과대평가하지 말고 여유를 두고 일정을 잡아보자. 그래도 일정이 너무 빠듯하다면 우선순위를 정하여 중요한 업무와 덜 중요한 업무를 구분해보자. 정보도 마찬가지이다. 세상 모든 뉴스를 다 알아야 할 이유가 있는가? 태평양 너머에서 벌어진 일들은 어차피 당신이 해결해줄 수 없다. 전화와 휴대전화가 스트레스라면 집중이 필요한 중요한 업무를 볼 때나 퇴근 후에는 꺼두는 것도 좋은 방법이다.

당연히 회사 업무만 스트레스인 것은 아니다. 인간관계도 때로 고달프고 힘이 든다. 과도한 요구를 하는 사람들과는 거리를 두자. 쓸데없는 토론은 에너지만 낭비할 뿐이므로 바로 중단하자. 버스나 지하철이 너무 붐벼 싫다면 걷거나 자전거를 탈 방법을 고민해보자.

내적 스트레스 요인도 잘 들여다보아야 한다. 스트레스 원인이 혹시라도 당신의 완벽주의는 아닌가? 당신이 자신에게, 남들에게 지나친 요구를 하는 것은 아닌가? 자신의 불안과 공포를 정당화하고 있는 건 아닌가? 직장에 사표를 낼 수는 없으니, 세상을 떠나 산으로 들어갈 수는 없으니 외부 요인은 어쩔 수 없다 쳐도 스트레스에 대처하는 자신의 마음가짐은 바꿀 수 있다. 그건 우리가 할 수 있는 일이다. 용기를 가져라.

마음챙김으로 평정심을 찾자

긴장을 풀어 스트레스를 줄이고 평정심을 회복할 방법은 많다. 자세한 정보는 책이나 인터넷에서 많이 찾을 수 있으니 아래에서는 몇 가지만 골라 짧게 소개하려 한다. 자신에게 가장 잘 맞는 방법을 찾아서 지금껏 배운 대로 작은 걸음을 걸어 습관으로 자리매김해보자. 스트레스 대처법을 익혀두면 더 큰 만족과 행복이 찾아올 것이다.

마음챙김은 요새 한창 인기가 높은 명상법이다. 이 책에서도 이미 소개한 바 있다. 마음챙김은 매 순간의 의식이다. 지금 여기의 존재를 평가하거나 비교하지 않고 알아차리는 것이다.

미국 분자생물학자 존 카밧진은 1970년대 말 불교 명상과

요가, 그리고 선에서 유래한 '마음챙김 기반 스트레스 완화프로그램 Mindfulness-Based Stress Reduction'을 개발하였다. 원래는 좌식 명상과 신체 훈련, 요가로 구성되었고 스트레스 대처에 도움을 주려는 목적이었다. 매일 이 방법을 실행하면 스트레스, 불안, 우울 증상은 물론이고 혈압, 혈당, 스트레스 호르몬 수치도 떨어진다고 한다. 요즘은 심리치료에서도 '마음챙김 기반 인지치료 MBCT, Mindfulness-Based Cognitive Therapy'를 통해 이런 효과를 활용하고 있다.

이 방법은 일단 생각을 부정적으로 평가하지 않고 그냥 있는 그대로 인지하고 받아들이는 데서 시작한다. 그렇다고 해서 생각과 근심과 불안이 곧바로 사라지는 것은 아니지만 어쨌든 부정적인 '아우라'는 제거할 수 있다. 생각이란 와서 잠시 머물렀다 다시 가는 일시적인 상태로 보며, 그렇게 자신과 주변을 받아들이는 법을 배운다. 마음챙김은 문제를 감정으로 대하지 않고 중립적인 자세로 바라보는 훈련이다. 분별하지 않고 있는 그대로 바라보면 위기 상황에서도 스트레스가 줄고 평정심이 돌아온다.

이런 능력은 명상으로도 얻을 수 있다. 명상하면 집중과 감정 조절, 기억과 신체 인지를 담당하는 뇌 부위가 자란다. 명상하면 의식적이고 적극적인 호흡으로 뇌와 온몸에 산소를 더 많이 공급하게 된다. 또 맥박이 느려지고 스트레스가 줄며 사고보다는 감각에 집중할 수 있으므로 몸에서 무슨 일이 일어나는지 더 초롱초롱한 의식으로 느낄 수가 있다. 초보자는 다양한 앱의 도움을 받아 시작해볼 수 있다. 명상법마다 집중하는 주제가 있어서 집중력, 행복, 평정심, 만족 등의 긍정적 주제도 있고, 절망, 분노, 슬픔, 불안, 고독, 스트레스 등 부정적 감정을 치유하는 프로그램들도 있다. 보디 스캔은 신체 각 부위를 의식적으로 자각하여 긴장을 해소하는 방법이다. 객관적인 관찰자 자세로 자신의 몸을 바라보는 것이다. 어떠한 판단이나 분석도 하지 않고 몸의 각 부위 감각에 주의를 직접 기울인다.

유튜브 등에서 다양한 보디 스캔 명상법을 찾을 수 있을 것이다. 자신에게 맞는 것으로 골라 실천해보자. 오른쪽 새끼 발가락에 인사를 건네보자. 안녕? 잘 있었니? 하고 말이다.

신체 부위 집중이 힘들다면 호흡법으로 물꼬를 틀 수 있다. 호흡은 언제나 여기 있으니까 말이다. 노력하지 않아도 우리는 숨을 쉴 수 있다. 우리가 여태 살아 있는 것도 다 이런 자동적인 호흡 덕분이다. 얼마나 고맙고 감동적인 일인가? 그러니 고마운 마음에서라도 한번쯤 호흡에 관심을 기울여봄 직하다. 또 긴장을 풀고 싶을 때도 호흡은 큰 도움을 줄 수 있다. 의식적으로 천천히 숨을 쉬면 절로 스트레스가 풀린다. 오직 몸에만 집중하므로 잡념이 들어올 자리가 없다.

근본적으로 스트레스가 많은 사람이라면 호흡 연습만으로는 효과가 오래가지 않을 것이다. 그럴 땐 체계적인 긴장 완화법이 필요하다. 대표적으로 제이콥스가 개발한 '점진적 근육 이완법 Progressive muscle relaxation'을 꼽을 수 있다. 특정 신체 부위를 번갈아가며 긴장했다 풀었다를 반복하면서 긴장을 푸는 방법이다. 근육을 차례차례 풀어가면서 몸 전체를 이완시키면 매우 효과가 크다. 이름에 '점진적'이라는 말이 들어간 이유도 그 때문이다. 혈압이 떨어지고 맥박이 느려지며 호흡이 안정된다.

'자율 훈련법 Autogenes Training'은 반복 암시를 통해 긴장을 푸는 방법이다. 하지만 이 방법은 많은 훈련이 필요하고, 때에 따라서는 점진적 근육 이완법보다 더 지도가 필요하다. 독일 정신과 의사 요하네스 H. 슐츠가 개발하였고 무의식 시스템을 안정시키는 일종의 자기 최면 요법이라 할 수 있다. 생각을 집중하여 맥박과 호흡을 안정시킨다.

마음챙김 호흡법에 대해 보다 더 살펴보기로 하자.

호흡 훈련으로
스트레스 처리하기

호흡, 특히 제대로 된 호흡은 마음챙김의 기초이다. 호흡에 집중해보자. 숨을 깊게 들이쉬고 내쉬면서 자신의 호흡에 집중하면 마음이 가라앉고 편안해진다. 틈날 때마다 호흡 훈련을 해보자. 혼자서도 좋지만, 친구나 동료와 함께해도 좋다.

"편안하게 눕거나 의자에 앉습니다. 규칙적으로 부드럽게 호흡합니다. 오르락내리락 하는 배의 움직임에 집중하세요. 배가 꽉 찰 때까지 숨을 크게 들이쉬고 배가 홀쭉해질 때까지 천천히 내뱉습니다. 들이쉬는 시간보다 내쉬는 시간이 깁니다. 긴장하지 마세요. 자연스럽게 호흡합니다."

서로에게 이런 지침을 읽어주거나 녹음해서 혼자 들으며 따라 해도 좋다. 한 번에 최소 열 번 호흡한다.

이렇게 숨을 깊게 쉬며 마음가짐의 변화를 단계적으로 확인해보자.

호흡을 관찰한다

호흡을 가만히 느껴보자. 제일 먼저 숨결을 느낄 수 있는 곳은 어디인가? 아마 양쪽 콧구멍 사이의 그 좁은 지점일 것이다. 제일 많이 느낄 수 있는 곳은 어디인가? 혹시 배가 오르락내리락하지 않는가? 숨결이 찬가 아니면 따뜻한가? 처음에는 몸의 움직임만 인지할 뿐, 가만히 숨이 흘러가도록 내버려 둔다. 이렇게 잠깐 내 몸에 집중하기만 해도 긴장이 풀린다.

복식호흡

호흡을 관찰하다 보면 아마 이런 깨달음이 들 것이다. 아, 내가 호흡을 다 활용하지 못하는구나! 우리는 대부분 얕게 가슴으로 호흡한다. 이런 짧고 얕은 호흡은 원래 위험 상황을 위해 만들어진 것이다. 그렇게 호흡하면 심장이 빨리 뛰고 혈관이 확장되며 스트레스 호르몬이 분비된다. 그래서 평소보다 훨씬 더 빨리 반응할 수 있다. 하지만 종일 먹잇감을 노리는 사냥꾼의 자세로 호흡을 하다 보면 집중력이 떨어지고 두통이 생길 수 있다. 우리 몸은 긴장이 지나가야 비로소 깊게 호흡하도록 프로그래밍되어 있다. 큰일이 지나가고 나면 절로 안도의 한숨이 나오지 않던가!

그러므로 스트레스 상황일 때 짧고 얕게 숨 쉬지 말고 배로 깊게 호흡해보자. 손바닥을 배에 올려놓고 오르락내리락하는 배의 움직임을 느껴보자. 숨을 내쉴 때는 손이 무겁다고 상상하며 횡경막의 수축과 이완을 느껴보자.

호흡의 길이를 달리한다

호흡을 관찰하여 복식호흡에 익숙해졌다면 한 걸음 더 나가보자. 스트레스가 심한 날에는 날숨의 길이를 늘여보자. 일단 숨을 들이쉴 때와 내쉴 때 각각 다섯까지 센다. 이것을 몇 번 반복한다. 산책하면서도 전철을 타러 가면서도 연습할 수 있다. 한 걸음에 숫자 하나로 따져서 숨을 들이쉰 다음 다섯 걸음을 걷고, 다시 숨을 내쉬면서 다섯 걸음을 걷는다. 그다음 이번에는 들이쉴 때는

다섯까지 세고 내쉴 때는 두 배로 열까지 센다. 그럼 마음이 가라
앉으면서 긴장이 풀린다. 반대로도 할 수 있다. 내쉴 때보다 들이
쉴 때 더 속도를 늦추면 산소가 더 많이 몸으로 들어와서 순환을
자극한다. 그럼 에너지를 많이 충전할 수 있어서 정신이 초롱초
롱해지고 집중이 잘 된다.

코를 바꾸어 호흡한다

콧구멍을 바꾸어가며 숨을 들이쉬고 내쉰다. 엄지손가락을 양
쪽 눈썹 중간에 대고 엄지와 중지로 번갈아가며 한쪽 콧구멍을
막는다. 가령 왼쪽 콧구멍으로 숨을 들이쉬고 잠깐 숨을 멈추었
다가 오른쪽 콧구멍으로 숨을 내쉰다. 숨을 참았다가 이번에는
오른쪽 왼쪽 콧구멍으로 숨을 들이쉬었다가 왼쪽으로 내쉰다. 이
렇게 몇 번 번갈아가며 숨을 들이쉬었다 내쉰다. 아마 몇 번 하고
나면 마음이 차분해질 것이다.

7-6
잊히는 두려움?
잊히는 즐거움!

⋮

휴대전화는 온종일 켜져 있고 몇 분에 한 번꼴로 메일과 알람을 확인한다. 당신도 디지털 나라 국민인가? 그런 태도는 스트레스를 유발하고, 심할 경우 불안을 조장할 수 있다. 스물네 시간 연락 가능해야 한다는 생각 뒤편엔 '잊힐지 모른다는 두려움Fear of Missing Out', 줄여서 포모FOMO 현상이 숨어 있기 때문이다. 포모는 쫓아가지 못할까 봐, 중요한 것을 놓칠까 봐 불안한 마음이다. 소속되지 못할지 모른다는 두려움이다. 소속감은 인간 기본 욕망이니까, 인간은 무리 동물이니까.

미국 듀크 대학교 행동학자 댄 애리얼리는 포모를 잘못된 결정을 내려 최고의 경험을 못 할 수도 있다는 불안으로 정의한다.[49] 친구들은 다 갔는데 혼자만 파티에 빠지면 파티에서 나눈 '인싸' 개그를 못 알아들을 것이고 소외감을 느낄 것이다. 당연히 이런 생각이 들 것이다. '파티에 갔더라면 어땠을까?' 그리하여 의심이 밀려들 것이다. 자신의 결정에 대한 의심은 불안을 조장한다. 그 결과는 후회이다.

그와 함께 또 하나의 불쾌감이 있다. 바로 그 유명한 선택의 고통이다. 현대인 눈앞엔 너무나도 많은 가능성이 펼쳐져 있기에 사실 그 모든 가능성을 다 알기란 불가능에 가깝다. 특히 소셜 네트워크는 뭔가 놓칠지도 모른다는 불안의 핵심이다. 그 결과 우리는 하루종일 좌불안석이고 그 무엇도 한껏 즐기지 못한다.

그러니 세상 모든 곳에 동시에 다 갈 수는 없다는 사실을 깨달아야 한다. 가능성이라고 해서 모조리 다 빼놓지 않고 활용해야 하는 것은 아니다. 세상엔 활용하지 못할 가능성이 더 많다. 말 그대로 가능성일 뿐이지 않은가. 모든 유행, 모든 영화, 모든 파티와 콘서트에 다 가야 하는 것은 아니다. 또 그럴 수도 없다. 설사 간다고 해도 그런 상태에선 즐길 수가 없다. 그래서 포모에 반대하는 조모는 참석이 아니라 즐김에 중점을 둔다. 온라인에서 퇴출당하면 오프라인에서 살면 그뿐이다. 아날로그에도 삶은 있다(스마트폰이 터지지 않는 산골에 들어가서 며칠 살다 보면 뼈저리게 느낄 수 있는 사실이다).

유익하지 않은 습관을 버리고 스트레스를 해소하는 마법 주문은 바로 자기책임이다. 당신에겐 넉넉한 나사가 있다. 그걸 열심히 돌려 고장 난 기계를 고칠 수 있다. 스트레스를 완전히 다 떨쳐내지는 못한다 해도 긴장을 풀기 위해 계속해서 뭔가 노력을 할 수 있다. 긴장을 푼다고 하니 약간 수동적으로 들릴 수도 있겠지만 긴장 완화는 습관을 고칠 때도 큰 도움이 된다. 긴장을 풀고 다가가면 뭐든 다 쉬운 법이니까.

최소 변화로
최대 만족 도전하기

큰 효과를 내는 작은 걸음들의 목록이 있다. 규칙적으로 실천하면 자동으로 몸이 익어 습관으로 굳어질 것이다.

자, 시작해보자. 이 목록에 당신만의 목록을 추가해보자.

- 몸을 더 움직인다. 산책을 더 많이 하고 기지개를 더 많이 켜고 좋아하는 운동을 더 많이 해보자. 작은 동작도 좋다.
- 일어나면 곧바로 커다란 큰 물잔에 물을 받아 레몬 반 개를 짜 넣어서 마신다.
- 아침 식사 때는 채소(바나나, 복숭아, 아보카도, 시금치 등)를 갈아 마신다.
- 매일 직접 만든 (오이, 브로콜리, 셀러리, 당근, 라임, 생강 등) 주스를 마신다. 커피보다는 녹차나 허브차를 마신다. 커피의 카페인은 에너지를 앗아가고 신체의 스트레스 반응을 높인다.

- 인공첨가물, 방부제, 기타 화학 물질이 든 식품은 피한다. 영양소가 풍부한 자연식품을 더 많이 섭취한다.

- 림프계를 자극하는 줄넘기나 트램펄린을 뛴다.

- 매일 자연에서 시간을 보낸다. 가령 공원이나 숲, 호숫가에서 산책한다.

- 맨발로 잔디나 모래. 흙을 밟는다. 그럼 몸과 마음이 안정된다.

- 과자와 아이스크림, 밀크 초콜릿같이 설탕이 많이 든 식품을 피한다. 설탕을 많이 먹으면 혈당과 열량이 오르락내리락한다.

- 날씨가 좋을 때는 점심은 밖에서 해를 받으며 먹는다. 그러면 생각이 맑아지고 세상을 보는 눈이 달라진다.

- 간식은 딸기처럼 섬유질과 항산화제가 많이 든 식품을 고른다.

- 자세를 바로 하자. 특히 앉는 자세에 신경을 쓴다.

- 매일 하루 세 가지 감사할 일을 적어보자.

- 행동으로 사랑을 보여준다. 정직하고 인내하고 친절하고 마음을 다하자.

- 자주 웃는다. 웃으면 행복 호르몬이 분비되어 기분이 좋아진다.

- 책상을 정리한다. 일의 능률과 집중력이 높아진다.

- 지금까지 미뤘던 일을 목록으로 적어서 가장 하기 싫은 일부터 시작해

보자. 하고 나면 속이 시원해질 것이다.

- 숨을 깊게 쉰다. 몸과 뇌에 산소가 많이 공급되어 에너지가 높아질 것이다.

- 기분 좋은 대화를 나눈다.

- 말은 신중하게, 적게 한다.

- 기분을 좋게 하고 마음을 안정시키는 음악을 듣는다.

- 자신과 남을 용서하고 변화에 마음을 연다.

- 사랑하는 사람들을 포옹한다.

아주 긴 도로 앞에선,
바로 다음 걸음만 생각할 것

어릴 적 나는 미하엘 엔데의 《모모》를 좋아했다. 특히 도로 청소부 베포Beppo를 떠올리면 지금도 기분이 흐뭇해지며 절로 미소가 번진다. 책에서 베포는 직업의 비밀을 이렇게 털어놓았다.

"때로 아주 긴 도로가 나올 때가 있어. 엄청나게 기네, 저건 다 못 쓸 것 같아. 그런 생각이 들지…… 그럼 허둥대기 시작해. 자꾸 더 허둥대는 거야. 허리를 펴고 앞을 보면 조금도 줄어든 것 같지 않아. 그래서 더 긴장되고 더 불안해지다가 마침내는 숨이 턱 막혀 비질을 할 수가 없게 되지. 도로는 그대로고 말이야. 그럼 안 되는 거야!…… 전체 도로를 한꺼번에 생각하면 안 돼. 내 말 알아들었니? 다음 걸음만 생각해야 해. 다음 호흡, 다음 비질만 생각하는 거야. 계속해서 다음 것만. …… 그럼 즐거워져. 그게 중요해. 그럼, 일을 잘하게 돼. 그래야 하는 거야."[50]

베포처럼 하자! 인생의 도전을 조금씩 흘깃거리자. 수많은 작은 걸음이 더 쉽게, 더 만족스럽게 당신을 목표로 데려갈 것이다. 아무리 작은 변화도 큰 효과를 낼 수 있다. 비행기를 생각해보라. 경로를 살짝만 바꾸어도 그 경로대로 수천 킬로미터를 달리다 보면 전혀 다른 곳에 가닿게 될 것이다. 당신의 행동도 그와 똑같다. 아주 작은 행동 변화도 인성의 가능성을 활짝 넓힐 수 있다. 깨인 눈으로 작은 것을 주목하면 숨은 큰 잠재력을 길어낼 수 있는 것이다.

습관의 힘을 활용하는 것도 그중 하나이다. 습관은 인생 항로를 알려주는 내비게이션 앱이다. 유익한 일을 습관으로 만들면 그 습관이 안정을 주고 방향을 가르쳐줄 것이다. 따라서 유익하지 못한 습관을 깨닫는 것도 그만큼 중요할 것이다. 처음에는 힘들 것 같던 일들도 시간이 가면 습관이 된다. 1970년대만 해도 띠를 한 채, 운전한다는 생각을 아무도 하지 못했다. 하지만 안전띠 의무 규정이 생기고 범칙금이 부과되자 이제는 안전띠를 하지 않은 운전자를 보기가 더 힘들어졌다.

이 사례에서도 알 수 있듯 우리의 행동은 우리 자신뿐 아니라 우리가 사는 사회의 영향에서도 자유로울 수 없다. 그래서 때로는 남을 생각해서 우리 목표나 개인적인 행복을 양보해야할 때도 있다. 하지만 사회 규범 안에서도 여지는 있고 선택의 가능성은 있다. 이런 틀 안에서 우리는 늘 어떻게 행동할지 선택할 수 있다.

만족을 습관으로 만드는 삶

선택의 자유를 즐긴다면 만족하는 삶을 살기로 의식적으로 결정할 수도 있지 않겠는가? 만족을 습관으로 삼을 수도 있지 않은가? 결국 감정이란 우리 안에서 오는 것이다. 만족하기 위해 꼭 행복해야 하는 것은 아니다. 만족이란 지속적인 상태이다. 물론 만족하기 위해 몇 가지 할 수 있는 일이 있고, 이 책에서도 그에 대해 설명하였다. 하지만 이건 약간 닭이냐 달걀이냐의 문제와 닮지 않았을까? 무엇이 먼저일까? 무엇이 원인이고 무엇이 결과일까? 행동이 행복을 낳을까? 아니면 감정이 행동을 낳을까? 진실은 아마 그사이 어딘가에 있을 것이다. 이것은 다시 질문으로 이어진다. 성공적인 행동이 만족을 낳을까? 만족하면 자동으로 성공할까? 심리학자 엘리자베스 루카

스는 성공의 뒤를 좇는 사람은 절대 행복하지 않으리라고 대답한다. 성공이란 목적하는 바를 이룬 결과이니까 말이다.[51]

때로 우리는 자신에게, 인생에, 주변 사람에게 과한 기대를 품는다. 앞에서 말했듯 성공이 행동과 마음가짐의 논리적 결과라면 마음을 내려놓고 있는 그대로의 우리가 옳다고 믿어야 한다. 너무 이를 악물면 절대 만족이 오지 못할 것이다.

그렇다고 해서 목표와 만족을 우연에 다 맡기라는 말은 아니다. 물론 남 일 보듯 팔짱 끼고 서서 그저 남들의 기대대로만 움직일 수도 있다. 하지만 스스로 팔을 걷어붙이고 적극적으로 나설 수도 있다. 미국 철학자이자 사회운동가 하워드 터먼은 "세상에 무엇이 필요하냐고 묻지 마라. 당신을 활기차게 만들어주는 것이 무엇인지를 묻고 밖으로 나가 그 일을 하라"고 말했다.

나는 그의 말을 이렇게 들었다. 세상을 만족시키려 하지 말고 자신을 만족시켜라! 세상을 행복한 곳으로 만드는 것은 만족하는 인간들이다. 만족을 위해 작은 행동이나 습관의 변화가 필요하다면 일어나 변화를 꾀해보자. 그럼 즐거울 것이고 여유와 확신을 지니고 만족하며 하루하루를 살아갈 수 있을 것이다.

각주

1 Zeug. K: Mach es anders!. in: Zeit online. https://www.zeit.de/zeit-wissen/2013/02/Psychologie-Gewohnheiten

2 Wood. W.: Good Habits. Bad Habits - The Science of Making Positive Changes That Stick. New York 2019. 웬디 우드, 《해빗》, 김윤재 옮김, 다산북스, 2019.

3 Roberts. B. W./Luo. J./Briley. D. A. et al.: A systematic review of personality trait change through intervention. in: Psychological Bulletin 2017; 143(2): 117-141.

4 Hudson. N. W./Roberts. B. W.: Goals to change personality traits. Concurrent links between personality traits. daily behavior. and goals to change oneself. in: Journal of Research in Personality 2014; 53: 68-83.

5 Wood. W./Tam. L./Witt. M. G.: Changing circumstances. disrupting habits. in: Journal of Personality and Social Psychology 2005; 88(6): 918-933.

6 Saint-Exupéry. A. de: Die Stadt in der Wüste. Düsseldorf. 1969.

7 Watson. J. B./Rayner. R.: Conditioned emotional reactions. in: Journal of Experimental Psychology 1920; 3(1). 1-14. http://psychclassics.yorku.ca/Watson/emotion.htm

8 Skinner. B. F./Ferster. C. B.: Schedules of Reinforcement. Englewood Cliffs/New Jersey 1957; Skinner. B.F.: Wissenschaft und menschliches Verhalten. München. 1973.

9 Wood. W./Tam. L./Witt. M. G.: Changing circumstances. disrupting habits. in: Journal of Personality and Social Psychology 2005; 88(6): 918-933.

10 Ajzen. I.: The Theory of Planned Behavior. in: Organizational Behavior and Human Decision Processes. 1991; 50(2): 179-211.

11 Zajonc. R. B.: Attitudinal effects of mere exposure. in: Journal of Personality and Social Psychology 1968; 9(2. Pt.2): 1-27. https://psycnet.apa.org/record/1968-12019-001

12 Lewis. M.: Obama's Way. in: Vanity Fair. Oktober 2010. https://www.vanityfair.com/news/2012/10/michael-lewis-profile-barack-obama

13 Zeug. K.: Mach es anders!. in: Zeit online. https://www.zeit.de/zeit-wissen/2013/02/Psychologie-Gewohnheiten/seite-2

14 Gausby, A.: Microsoft Attention Spans Research Report, 2015. https://
    de.scribd.com/document/265348695/Microsoft-Attention-Spans-
    Research-Report

15 Helfrich, R. F./Fiebelkorn, I. C./Szczepanski, S. M. et al.: Neural
    Mechanisms of Sustained Attention Are Rhythmic. in: Neuron 2018;
    99(4): 854–865.

16 Wilson, G.: The "infomania" Study, 2010. http://www.drglennwilson.
    com/Infomania_experiment_for_HP.doc

17 Mark, G./Gonzalez, V. M./Bren, J. H. D.: No Task Left Behind?
    Examining the Nature of Fragmented Work, Portland/Oregon 2007.
    https://www.ics.uci.edu/~gmark/CHI2005.pdf

18 Lally, P./van Jaarsveld, C. H. M./Potts, H. W. W./Wardle, J.: How
    are habits formed: Modelling habit formation in the real world. in:
    European Journal of Social Psychology 2009. https://onlinelibrary.
    wiley.com/doi/abs/10.1002/ejsp.674

19 Zeug, K.: Mach es anders! in: Zeit online. https://www.zeit.de/zeit-
    wissen/2013/02/Psychologie-Gewohnheiten/seite-2

20 Laube, C./van den Bos, W.: It's about time: How integral affect
    increases impatience. in: Emotion 2018. doi:10.1037/emo0000553

21 Ohne Autor: Drogensucht bei Tieren in: Pharmazeutische Zeitung
    2017. https://www.pharmazeutische-zeitung.de/ausgabe-502017/
    highlife-zwischen-land-und-meer/

22 Aron, A./Fisher, H./Mashek, D. J.: Reward, Motivation, and Emotion
    Systems Associated With Early-Stage Intense Romantic Love. in:
    Journal of Neurophysiology 2005; 01. July. https://doi.org/10.1152/
    jn.00838.2004

23 같은 책.

24 Rilling, J. K./Gutman, D. A./Zeh, T. R. et al.: A Neural Basis for Social
    Cooperation. in: Neuron 2002; 35: 395–405.

25 Adcock, R. A./Thangavel, A./Whitfield-Gabrieli, S./Knutson, B./
    Gabrieli, J. D.: Reward-motivated learning: mesolimbic activation
    precedes memory formation. in: Neuron 2006; 50(3): 507–517.

26 Krämer, T.: Schaltkreise der Motivation, 2013. https://www.dasgehirn.
    info/denken/motivation/schaltkreise-der-motivation

27 Galvan, A./Todd, A./Hare, C. et al.: Earlier Development of the
    Accum\-bens Relative to Orbitofrontal Cortex Might Underlie Risk-
    Taking Beha\-vior in Adolescents. in: Journal of Neuroscience 2006;

26(25): 6885 - 6892.

28 Dreher. J.-C. et al.: Age-related changes in midbrain dopaminergic regulation of the human reward system. in: PNAS September 30. 2008: 105(39): 15106 - 15111. https://doi.org/10.1073/pnas.0802127105

29 Cross-Villasana. F./Gröpel. P./Doppelmayr. M./Beckmann. J.: Unilateral Left-Hand Contractions Produce Widespread Depression of Cortical Activity after their Execution. in: PLOS ONE 2015: 11(2): e0150048. https://doi.org/10.1371/journal.pone.0150048

30 Mischel. W./Ebbesen. E. B./Raskoff Zeiss. A.: Cognitive and Attentional Mechanisms in Delay of Gratification≪. in: Journal of Personality and Social Psychology 1972: 21(2): 204 - 218.

31 Watts. T. W./Duncan. G. J./Quan. H.: Revisiting the Marshmallow Test: A Conceptual Replication Investigating Links Between Early Delay of Gratification and Later Outcomes. in: Psychological Science 2018: 29(7): 1159 - 1177. https://doi.org/10.1177/0956797618761661

32 Simmank. J.: Der Marshmallow. entmachtet?. in: Zeit online. 8.6.2018.

33 vgl. dazu Kornwachs. K.: Wenn Geld als Belohnung versagt. in: Spiegel Online 19.11.2009. https://www.spiegel.de/wissenschaft/mensch/psychologie-wenn-geld-als-belohnung-versagt-a-661742.html

34 Lepper. M. R./Greene. D./Nisbett. R. E.: Undermining childrens' intrinsic interest with extrinsic reward: A test of the 'overjustification' hypothesis. in: Journal of Personality and Social Psychology 1973: 28(1): 129 - 137.

35 McHill. A. W./Melanson. E. W./Higgins. J. et al.: Impact of circadian misalignment on energy metabolism during simulated nightshift work. in: PNAS 2014. https://doi.org/10.1073/pnas.1412021111

36 Ben Simon. E. et al.: Losing Neutrality: The Neural Basis of Impaired Emotional Control without Sleep. in: Journal of Neuroscience 2015: 35(38): 13194 - 13205.

37 Hollmann. W./Strüder. H. K./Tagarakis. C. V. M.: Köperliche Gesundheit fördert Gehirngesundheit und leistungsfähigkeit. in: Nervenheilkunde 2003: 22(09)467 - 474.

38 Spitzer. M. et al.: Impact of aerobic exercise training on cognitive functions and affect associated to the COMT polymorphism in young adults. in: Neurobiology of Learning and Memory 2010: 94(3): 364 - 372. https://doi.org/10.1016/j.nlm.2010.08.003

39 Blumenthal. J. A./Babyak. M. A./Doraiswamy. P. M. et al.: Exercise and pharmacotherapy in the treatment of major depressive disorder. in: Psychosomatic Medicine 2007: 69(7): 587 - 596.

40 Schnurr. E.-M.: Iss dich glüklich!. in: Zeit Wissen 5/2010. https://www. zeit.de/zeit-wissen/2010/05/Iss-dich-gluecklich

41 Sanhueza. C./Ryan. L./Foxcroft. D. R.: Diet and the risk of unipolar depression in adults: systematic review of cohort studies. Wiley online library. 18 October 2012. https://doi.org/10.1111/j.1365 - 277X.2012.01283.x

42 Blech. J.: Düger füs Gehirn. in: Spiegel Online 2008. www.spiegel.de/ spiegel/a-597556.html

43 University of California Los Angeles: Scientists Learn How Food Affects The Brain: Omega 3 Especially Important. in: Science Daily. 11 July 2008.

44 https://www.sciencedaily.com/releases/2008/07/080709161922.htm

45 Zanarini. M. C./Ed.. D./Frankenburg. F. R.: Omega-3 Fatty Acid Treatment of Women With Borderline Personality Disorder: A Double-Blind. Placebo-Controlled Pilot Study. in: American Journal of psychiatry 2003: 160(1): 167 - 169. https://doi.org/10.1176/appi. ajp.160.1.167

46 Durga. J. et al.: Effect of 3-year folic acid supplementation on cognitive function in older adults in the FACIT trial: a randomised. double blind. controlled trial. in: The Lancet 2007: 369(9557): 208 - 216.

47 Benton. D./Williams. C./A Brown: Impact of consuming a milk drink containing a probiotic on mood and cognition. in: European Journal of Clinical Nutrition 2007: 61: 355 - 361.

48 Techniker Krankenkasse: Entspann dich. Deutschland. TK-Stressstudie 2016. https://www.tk.de/resource/blob/2026630/915 4e4c71766c410dc859916aa798217/tk-stressstudie-2016-data. pdf(Zugriff: 12.11.2019)

49 Ariely. D.: On how 'ear of missing out' works. in: Academics. April 2015.

50 Ende. Michael: Momo. S. 37 f. © 1973. 2018 von Thienemann in der Thienemann-Esslinger Verlag GmbH. Stuttgart. 미하엘 엔데, 《모모》, 한미희 옮김, 비룡소, 1999.

51 Vgl. Schröder. J. M.: Mehr Mut wagen. in: Einfach Sein 2018: 4. S. 57.

옮긴이 **장혜경**

연세대학교 독어독문학과를 졸업하고 같은 대학 대학원에서 박사과정을 수료했다. 독일 학술 교류처 장학생으로 하노버에서 공부했다. 현재 전문 번역가로 활동 중이다. 《삶의 무기가 되는 심리학》《나는 이제 참지 않고 말하기로 했다》《오늘부터 내 인생 내가 결정합니다》《나는 왜 무기력을 되풀이하는가》《처음 읽는 여성 세계사》《숲에서 1년》《나무 수업》《자전거, 인간의 삶을 바꾸다》《아무도 존중하지 않는 동물들에 관하여》 등을 우리말로 옮겼다.

소소한 루틴을 단단한 멘탈로 만드는
딱 한 걸음의 힘

초판 1쇄 발행 2021년 12월 15일

지은이 • 미리암 융게
옮긴이 • 장혜경

펴낸이 • 박선경
기획/편집 • 이유나, 강민형, 오정빈
홍보/마케팅 • 박언경, 황예린
디자인 제작 • 디자인원(031-941-0991)

펴낸곳 • 도서출판 갈매나무
출판등록 • 2006년 7월 27일 제395-2006-000092호
주소 • 경기도 고양시 일산동구 호수로 358-39 (백석동, 동문타워1) 808호
전화 • 031)967-5596
팩스 • 031)967-5597
블로그 • blog.naver.com/kevinmanse
이메일 • kevinmanse@naver.com
페이스북 • www.facebook.com/galmaenamu

ISBN 978-11-91842-10-4/03190
값 14,500원